METZ (1870)

LES

PROPOS DU CAMP

JOURNAL D'UN AIDE-MAJOR

Infandum !

PARIS

E. DENTU, ÉDITEUR

LIBRAIRE DE LA SOCIÉTÉ DES GENS DE LETTRES

PALAIS-ROYAL, 15-17-19, GALERIE D'ORLÉANS

ET 3, PLACE VALOIS

A conserver

METZ (1870)

LES PROPOS DU CAMP

METZ (1870)

LES PROPOS DU CAMP

JOURNAL D'UN AIDE-MAJOR (H. Thurel)

Infandum!

I. — Le Départ.
II. — BORNY. Le passage de la Moselle.
III. -- GRAVELOTTE. Une ambulance.
IV. — SAINT-PRIVAT. Une ambulance.
V. — Sortie du 26 août. Bataille de SERVIGNY.
VI. — METZ. Septembre.
VII. — METZ. Octobre.
VIII. — La Reddition.
IX. — Une évasion.
X. — ARMÉE DU NORD. Quelques épisodes.

LONS-LE-SAUNIER

IMPRIMERIE ET LITHOGRAPHIE DE C. VERPILLAT

1887

AVANT-PROPOS

Voici un nouvel ouvrage sur la guerre de 1870. Bien des livres ont déjà paru sur ce sujet; bien des récits nous ont fait connaître les mille péripéties de cette guerre géante ; bien des auteurs, et quelques-uns du plus grand mérite, ont étudié aux points de vue les plus variés cette période douloureuse de notre histoire.

Est-ce à dire que ce nouvel ouvrage soit inutile? Ne fait-il que répéter ce que nous avons déjà vu tant de fois? J'ai lu ce récit du siège de Metz ; j'y ai retrouvé sans doute les grandes batailles, les grandes lignes historiques qui ont gravé dans notre histoire, en traits ineffaçables, cette lugubre catastrophe. Mais ce que j'y ai trouvé de neuf, et ce qui par conséquent intéressera le lecteur toujours avide de nouveautés, ce sont les détails, c'est la conception de l'ouvrage tout entier.

L'auteur nous montre clairement son dessein en nous avertissant qu'il a voulu faire le " portrait " du camp sous Metz; il a, pendant toute la campagne, pris tous les jours des notes sur tous les évènements dont il était le témoin et l'auteur; et ce sont ces notes qu'il a combinées avec ses souvenirs pour écrire son ouvrage. Il ne faut pas chercher dans ce récit de grandes vues historiques, des réflexions critiques ou politiques sur les causes et les résultats des évènements. Telle n'a pas été l'intention de l'auteur. Il a voulu nous retracer le plus fidèlement possible l'aspect de l'armée sous Metz; et il a souvent réussi. Son récit, qui revêt la forme du journal, suit pas à pas la marche des évènements; il peint avec toute l'exactitude d'un objectif la vie du camp, les joies et les souffrances des soldats, les inquiétudes et les angoisses du siège, la douleur navrante et désespérée de la capitulation. J'ai comparé son livre à une photographie, cela ne suffit pas; son livre est cela, mais il est encore autre chose. Ce n'est pas une peinture exacte, mais froide; fidèle, mais décolorée; on sent qu'en écrivant, l'auteur a ressenti les émotions d'autrefois, qu'il a vécu cette vie qu'il nous retrace, qu'il a souffert les souffrances qu'il nous raconte, et que son cœur a saigné longtemps de la plaie béante que l'Allemagne a faite à la France en lui arrachant Strasbourg et Metz.

Les délicats, les puristes, les raffinés, disons le mot, les blasés trouveront peut-être un peu de rudesse dans ce récit énergique et vivant. Mais on ne raconte pas un siège comme on écrit une intrigue d'amour ou une fine analyse psychologique. Quand les bataillons se heurtent, que les canons tonnent et que les soldats tombent sanglants sur le champ de bataille, il ne s'agit pas d'aligner des épithètes exquises ou d'équilibrer des antithèses raffinées. La guerre est une chose brutale, il faut une certaine brutalité dans le récit d'une guerre. Si le poète doit écrire avec une plume d'or, la plume de celui qui écrit l'histoire ne peut être qu'en fer.

Un dernier mot sur le sujet même de ce livre. Il est utile, il est bon, il est nécessaire pour un peuple qui doit se diriger lui-même, de reporter souvent les yeux en arrière et de fixer ses regards sur les époques sombres qui ont été une expiation et qui doivent être une leçon.

C'est une chose terrible que la guerre, la guerre que maudissent les mères, la guerre qui rend ennemis les hommes qui sont nés frères. Mais la guerre, chose immorale, puisqu'elle est l'écrasement du droit par la force, est sinon morale, du moins moralisatrice; elle est une grande école de dévouement, de courage, de vertu, d'héroïsme; elle apprend à mieux aimer la patrie, elle enseigne à mieux se sacrifier pour elle. En lisant les traits de courage, d'abnégation, de sacrifice dont l'armée de Metz a donné tant d'exemples, on se sent devenir plus courageux, plus généreux, plus prêt enfin à imiter ces héros qui furent nos frères. C'est là que la grande formule républicaine trouvera son application la plus parfaite: Egalité, tous se sentent égaux devant la mort; — Fraternité, le danger rapproche ceux que la vie sépare; Liberté! Oh! que de regards s'élevant vers le ciel au plus fort d'une bataille, ont entrevu à travers deux nuages de fumée que balayait le vent, grandir dans l'azur vos figures rayonnantes, ô Victoire, ô Liberté!

G*** M***

PRÉFACE

Les notes que je livre au public ont été prises au jour le jour, sous la tente. Je raconte ce que j'ai vu, ce que j'ai entendu; les mille rumeurs, les mille racontars qui défrayaient nos conversations sous Metz. C'est une photographie du camp.

Redire les angoisses de l'armée à l'annonce de nos désastres, sa joie délirante à la moindre lueur d'espoir, sa colère quand elle se vit livrée, tel est mon but.

Peut-être étais-je le seul officier du 6e corps qui se fût imposé la tâche douloureuse de prendre sur le vif le drame de Metz? Aussi, officiers d'état-major et aides de camp, sachant combien je tenais à grossir mon petit bagage, venaient-ils fréquemment sous ma tente.

Je ne me serais pas décidé à publier ce modeste opuscule si tous les jours encore l'on ne jetait à la face de l'armée de Metz le mot infamant de *capitulard*.

Lisez, et vous comprendrez comment un homme a su tromper avec le même cynisme et commandants de corps d'armée et soldats, comment il a pu endormir et livrer 170.000 hommes.

« Où était le souffle de 92 ? Où étiez-vous Hoche, et Marceau ? »

Ces propos, qui ne les a entendu répéter mille fois ?

Croyez-vous que si une capitulation n'eût jusqu'au dernier jour semblé impossible, monstrueuse, de pareils hommes n'eussent pas surgi ?

Non, nous n'étions pas tous des prétoriens. Plus de la moitié des officiers de mon régiment avaient déposé un « Non » au plébiscite.

Pourquoi faire une révolution militaire, quand tous les jours on nous parlait de *trouée*, quand notre confiance était sans bornes ?

« Attendez, nous disait-on. Ici nous remplis-
« sons un grand rôle. Attendez. Rien ne sera fait
« que de très honorable. »

« Attendez, nous disait-on encore. Donnez à
« la France le temps de sortir de sa torpeur. »

N'avions nous pas à différentes reprises et notamment le six octobre reçu l'ordre de nous tenir prêts à sortir ? N'avions-nous pas chaque fois parlé des péripéties de la trouée, en frémissant de joie et d'espoir ? Nous étions loin de penser que dès le 23 septembre (1) Bazaine avait fait des ouvertures au prince Frédéric-Charles

(1) Procès du maréchal Bazaine par André Le Faure, Page 20.

dans le sens d'une capitulation et que déjà, de fait, le crime était consommé !!!

Dans la dernière quinzaine d'Octobre quels bruits étranges notre général en chef ne laissait-il pas se répandre dans le camp? « Rouen, « le Hâvre avaient demandé des garnisons « prussiennes. Nos ennemis montaient la garde « dans ces deux villes avec les gardes-natio- « naux. »

« A Paris, Rochefort mitraillait Trochu. »

« La France dans la plus complète anarchie « ne songeait pas à se défendre. »

Le 27 octobre le ressort tendu si longtemps était brisé. Le moment psychologique était arrivé. Nos soldats déposèrent leurs armes en pleurant et la rage dans le cœur. Il restait encore dix jours de vivres. Le traître n'avait pas eu le cœur de faire manger la dernière bouchée de pain.

Si dans le cours de ce récit j'ai gardé au mot toute sa rudesse, toute sa crudité, j'ai tenu à ne pas dépouiller les scènes militaires de leur couleur locale. Qui ne comprendra que si le réalisme doit être toléré c'est bien dans le langage si imagé et expressif du soldat ?

METZ (1870)

LES PROPOS DU CAMP

I — LE DÉPART

En 1870, j'étais aide-major dans un régiment de ligne, à C...

Dans les premiers jours de juillet, je me trouvais un matin au café L..., centre de réunion des officiers. Assis en face du lieutenant-colonel, M. K. je parcourais à la hâte le journal des *Débats*.

— « Que pensez-vous de ceci, mon colonel ? »

Il s'agissait de la candidature du prince de Hohenzollern au trône d'Espagne.

— « C'est la guerre, docteur, c'est la guerre. »

Quelques jours après, avait lieu au corps législatif la séance burlesque que personne n'a oubliée : L'armée était prête ; il ne lui manquait pas un bouton de guêtre. On acceptait « d'un cœur léger », toute la responsabilité de la guerre.

Comme les autres villes de France, C... eut son heure de délire. Le 15, dans la soirée, étudiants et jeunes gens de la ville se groupent et se dirigent vers le café des officiers. L'établissement, bien que vaste, ne peut contenir la foule.

« La Marseillaise ! La Marseillaise ! » s'écrie-t-on de toutes parts.

Tous les soirs un ténor toulousain et sa compagne charmaient les dilettanti de la garnison.

« La Marseillaise ! La Marseillaise ! » Honteux et presque tremblant, l'artiste hésite. L'hymme de Rouget-de-l'Isle lui est inconnu.

Soudain s'élance M. D... professeur à la faculté des sciences ; son patriotisme déborde :

Allons enfants de la Patrie, etc.

Mille voix l'accompagnent.

Ce chant est prohibé ! exclame le père L..., ce cher homme que pour sa mine superbe nous avions surnommé le czar. Il accourt tout effaré. Hélas ! dans ses traits bouleversés, plus rien qui rappelle Alexandre II, Empereur de toutes les Russies.

Tout à coup sur la porte de l'établissement apparaît un homme ; tel l'antique *deus ex machinâ*. Que veut-il ? Nous ne tardons pas à le savoir.

« Chantez, Messieurs, chantez. »

Et le secrétaire général, car c'est lui, se mêle aux groupes et chanterait si sa dignité ne le retenait au rivage.

Bravo ! bravo ! bravo ! s'écrie la foule enthousiasmée.

Le ténor, les couplets à la main, gravit l'estrade du théâtre. Il redit la *Marseillaise*, jusqu'à extinction de voix et de forces. On n'est pas habitué à ce chant de guerre ; aussi, bien des cœurs se gonflent, bien des paupières se mouillent toutes les fois que l'artiste, drapé dans les plis du drapeau, fléchit le genou à la dernière strophe :

« Amour sacré de la Patrie »

« A Berlin ! A bas la Prusse ! »

C'est le flot qui monte au dehors. Le drapeau

de l'établissement est enlevé et la vague roule de la Préfecture à la caserne.

« A l'eau ! A l'eau ! Enlevez-le ! » C'est un journaliste, un pauvre diable à qui des exaltés vont faire un mauvais parti. Son crime est d'avoir osé dire :

« Insensés ! vous voulez la guerre ; vous ne « savez pas ce qui vous attend ! »

Un brave homme qui a assisté à la scène s'avance vers moi et me dit :

« Tout cela est bien beau, mais si nous som- « mes battus !... Avec les nouvelles armes la « *furia francesa* n'a plus sa raison d'être. »

Ce n'étaient pas les fusils à aiguille qui devaient nous battre ; c'était la trahison d'un Français.

Que nous étions heureux à C··· ! L'empire nous faisait des loisirs ; quelques heures de travail dans la journée et le soir le café-chantant.

Je suivais assidûment les cours de la Faculté des sciences ; mais comme tous mes camarades, j'étais amoureux de l'inconnu ; je désirais la guerre ; sans cela c'eût été un crève-cœur de quitter mes excellents maîtres. Ceux-là me comprendront qui ont le culte des fleurs et des fossiles.

Le plébiscite était venu distraire un peu tout le monde. Le régiment avait *fort mal voté* : Une compagnie casernée *extra-muros* avait déposé *100* « *Non* » contre *14* « *Oui* ». Le colonel, tout tremblant d'une telle hardiesse avait redouté les foudres officielles. Il avait été épargné.

La guerre est déclarée. Les rues regorgent de militaires de toutes armes.

« La France fait feu des quatre pieds, » me dit mon médecin-major, M. N... et après quelques instants de silence :

« Savez-vous, mon ami, ce que c'est que la guerre ? Qui dit guerre dit fatigues, fatigues, « toujours fatigues. » Il avait fait les campagnes de Crimée et d'Italie.

« Comment avez-vous voté ? » me demandait un jour ce chef vénéré et dont le nom reviendra souvent sous ma plume.

Sans attendre ma réponse il ajoutait : « Eh bien moi, j'ai déposé un « *non*. » Bonaparte doit nous ménager une surprise. »

Les officiers sont surexcités. Ils se promènent sur les places publiques : ils y engagent des conversations animées. Les regards de la foule sont fixés sur eux. Chacun n'éprouve-t-il pas un sentiment de profonde pitié en songeant que parmi ces hommes aujourd'hui si pleins de vie, bon nombre, dans quelques jours, auront cessé d'exister ?

Les plus impatients voudraient partir le jour même.

« A quoi pense notre colonel ? Veut-il arri-
« ver pour ramasser les fourreaux de baïon-
« nettes ? N'est-ce pas désolant ! »

« Calmez-vous, répondent les plus sages, il y
« aura de la besogne pour tout le monde. »

Le 22 juillet nous prenons notre dernier repas à C.... Le cidre fait place aux vins fins. Nous sommes quinze à table ; quatre seront tués à Gravelotte et cinq blessés grièvement.

Pendant que mes camarades choquent leurs verres, pendant qu'ils portent des toasts enflammés aux victoires futures, je songe à l'avenir.

— « Mes amis, si je faisais l'histoire de vos faits et gestes pendant la campagne ? »

— « Bonne idée, docteur, excellente idée; nous vous y aiderons tous. »

A peine sorti je fais l'acquisition du carnet de poche où j'ai noté, au jour le jour, ce que je vais raconter.

23 JUILLET

Le régiment reçoit l'ordre de partir dans l'après-dînée.

Dès midi, toute la population se porte aux abords de la gare.

Le régiment a su plaire aux habitants de C··· et un départ pour la frontière n'est pas un vulgaire changement de garnison.

A trois heures nous quittons la caserne pour nous diriger vers le chemin de fer. Que de vigoureux serrements de mains dans ce court trajet! Que de chaudes accolades à nos amis! Que de jolis yeux en ce moment suprême versent des larmes amères!

Les pompiers tiennent à nous accompagner jusque sur la voie. Ils s'y rangent en bataille. Au moment du départ éclatent mille cris, mille vivats. Le ténor et sa femme entonnent la *Marseillaise*. Dans le train qui fuit s'agitent mille bras. « Vive la France! Vive C···!

Morituri te salutant.

Arrêt de quelques minutes à M···. Personne n'a soif, mais chacun veut boire.

« A nos succès! Mort à la Prusse! » Un troupier maladroit casse son verre. Le gargotier exige un prix exorbitant, refus du militaire; lutte au pugilat; les officiers interviennent.

« Avez-vous vu cet affreux marchand de sou-
« pe! Est-il possible de se conduire de la sorte

« avec un soldat qui va se faire casser la tête « pour lui ? C'est honteux ! Ce n'est du reste pas « d'aujourd'hui que le pékin exploite l'armée. »

« Tenez, ajoute le capitaine C... un peu remis « de son émotion, nous sommes cinq dans ce « compartiment, eh bien ! il est possible que « personne de nous ne revienne. » (1)

Il est nuit. Le train roule sur Paris. Les soldats chantent, les uns la *Marseillaise*, les autres le *Chant du Départ*.

En moins d'une demi-heure, à l'agitation fébrile du jour, succède le plus grand calme. Seul, un troupier qui, il l'avoue, a trop fait de libations, continue entre deux hoquets à bégayer la première strophe du *Chant du Départ*.

24 JUILLET

Le jour arrive. Nous sommes à Paris. Arrêt d'une demi heure.

Le lieutenant du C··· aperçoit son père, un député au Corps législatif. Il descend, l'embrasse et le quitte sans verser une larme.

Les immenses maisons de la capitale s'élèvent en amphithéâtre au-dessus de la voie ; de leurs innombrables fenêtres on acclame le régiment ; on lui souhaite bonne chance.

De Paris à Soissons le train est lancé à toute vitesse. Le regard se repose néanmoins sur ces fertiles campagnes. Partout des travailleurs, partout des souhaits de victoires, partout des bras qui s'agitent.

Qu'ils sont heureux, ces braves paysans, de voir des soldats ! Sans doute ils disent : « Plus ils seront, plus sûre sera la victoire ». Aussi

(1) Il devait revenir et avec lui l'auteur de ces lignes. Les trois autres ont été tués à Gravelotte.

bien tremblent-ils à l'idée de la défaite. Ne seraient-ils pas des premiers à subir les horreurs de l'invasion ?

A Crépy-en-Valois, à Villers-Cotterets, les populations nous accueillent avec enthousiasme. Des jeunes filles offrent des rafraîchissements à nos soldats. Quelques femmes pleurent : ce sont des mères.

25 JUILLET

Nous nous arrêtons à Soissons pendant huit jours. Pourquoi ne pas marcher en avant ? demandent les soldats avec impatience. Le troupier, lui, ne s'inquiète guère de la formation des corps d'armée.

Le général ordonne qu'une promenade militaire soit faite tous les jours. C'est pour nous entretenir la main et..... les pieds, disent les loustics du régiment.

Logé chez un confrère, j'occupe mes heures de loisir à des études de chirurgie. Sa femme a une très-grande frayeur des Prussiens ; j'ai beau faire du chauvinisme à outrance, il m'est impossible de la rassurer. « L'invasion ! Monsieur, l'invasion ! » C'est chez elle une idée fixe.

Le 2 août, dans l'après-dînée, nous apprenons que la brigade quittera Soissons le lendemain pour se rendre au camp de Châlons.

Les officiers complètent à la hâte leur équipement. Pour ma part je manque de tente et de peau de mouton.

— Combien cette tente ?

— Cent-vingt francs.

— Je croyais que.....

— Dernier prix, Monsieur.

— Combien cette peau de mouton ?

— Trente francs, Monsieur.

C'est ce que vaut à peine la peau avec le mouton.

Le soir à la pension je constate que je n'ai pas été plus malheureux que mes camarades. Tous maugréent contre la cupidité des petits marchands de Soissons.

Dans la soirée se répand le bruit de la victoire de Sarrebrück. Nous buvons à ce succès.

3 AOUT

Le régiment quitte Soissons à pied. Les soldats sont transportés de joie ; ils vont enfin voir l'ennemi.

A peine avons-nous fait quelques kilomètres que mon cheval, une bête rétive et qui n'a jamais été montée, me lance contre un des peupliers qui bordent la route.

Mon médecin-major, un excellent cavalier, rit de l'aventure. Un troupier, lui aussi, tient à me prouver que je suis un maladroit.

Il enfourche l'animal, tombe et se fracture le crâne.

Les soldats trouvent le sac trop lourd ; quelques-uns demandent à en être délivrés. Mais je suis de bien mauvaise humeur, cela s'explique.

« Comment! se plaindre après une journée « de marche ! vous êtes donc incapables de faire « campagne ! »

Un officier me dit tout bas : « Ne soyez pas « si sévère, ils sont chargés comme des bêtes « de somme. » (1).

Nous déjeunons à Braisne, où plutôt nous n'y déjeunons pas. Les côtelettes sont servies au

A-t-on allégé le sac de la nouvelle armée? j'aime à le croire.

moment du départ. Ouel tonnerre d'imprécations contre les maîtres-d'hôtel !

A Jonchery, le châtelain de l'endroit invite les officiers à accepter un verre de champagne. Un bonne vieille dame fait les honneurs : « A vos victoires! Messieurs, vive la France ! »

5 AOUT

Nous arrivons au camp de Châlons.

6 AOUT

Un bruit étrange se répand. La division Douay a été massacrée à Wissembourg ; son général s'est fait tuer ;

Nous nous préparons à partir demain pour Nancy. Les deux premières divisions montent en chemin de fer dans la journée. — Contre-ordre pour la 3e division.

7 AOUT

Les uns en induisent que Mac-Mahon a réussi à venger la division Douay ; les autres vont jusqu'à croire à un embarquement pour la Baltique.

Dans la soirée, nous apprenons que les divisions déjà arrivées à Nancy, reviennent au camp de Châlons.

Les bruits les les plus alarmants se répandent : Frossard et Mac-Mahon seraient en pleine déroute.

Un silence de mort plane sur le camp. Un officier d'ordonnance vient-il à passer au grand galop de son cheval? C'est une bataille gagnée ou... perdue.

Nos yeux sont continuellement dirigés sur le quartier général.

Le soir, je me rends au grand café du camp. Là, je rencontre quelques-uns de mes camarades d'école ; comme moi, ils sont navrés.

L'estrade sur laquelle en des temps meilleurs chantaient des acteurs et des actrices, voit défiler des soldats alertes, bons musiciens, gais ou tâchant de l'être. Le *Rhin allemand*, le *Chant du Départ*, la *Marseillaise*, voilà le menu.

Mais les esprits sont malades. Pour tout le monde ils chantent faux.

On dit que pour réparer la faute d'avoir disséminé les forces françaises en huit corps d'armée, on va les réunir en deux grands corps confiés à Bazaine et à Mac-Mahon.

8 AOUT

Les troupes revenues de Nancy, s'attendent à partir au premier moment ; Dans quelle direction ? Nul ne le sait. L'anxiété la plus grande règne dans le corps d'armée.

Beaucoup d'officiers ne doutent pas du succès final. « Des fautes ont été commises, disent-ils, on les réparera. »

Dans la soirée, un capitaine d'état-major nous raconte que la bataille est engagée et que tout va bien.

9 AOUT

Ce dernier bruit ne se confirme pas. Il avait été fait allusion à des mouvements de concentration.

Dix heures du matin. Le corps d'armée reçoit l'ordre de se tenir prêt à partir pour Metz.

Le colonel D··· du 91e fait mettre au rapport de son régiment que la garde a battu les Prussiens. Nous apprenons ce détail pendant notre repas du soir. Nous en sommes au dessert quand arrive un cantinier tout haletant. « Les « Français sont victorieux sur toute la ligne, « nous dit-il. »

Ces bonnes nouvelles nous redonnent un peu de courage.

Notre division monta en chemin de fer à huit heures du soir.

On nous dit à la gare de Toul, que tous les citoyens de la ville sont armés.

10 AOUT

Nous arrivons à Metz à cinq heures du soir.

Nous dressons nos tentes sur les glacis de la place. A peine avons-nous donné le premier coup de dent à notre souper que nous recevons l'ordre de nous rendre immédiatement au fort Queuleu.

La nuit tombe rapidement ; il pleut à torrent, le vent est violent et renverse nos tentes ; les préparatifs sont lents et pénibles ; enfin nous partons.

Pendant deux heures, nous attendons qu'on veuille bien nous ouvrir les portes du fort. Les hommes sont trempés jusqu'aux os et pour se distraire ne peuvent que piétiner dans quinze centimètres de boue.

J'entends des jurons, des plaintes agrémentées de bons mots. Pour que le soldat français perde la vieille gaîté gauloise, il faut qu'il en voie bien d'autres.

Le colonel ne dit mot. Immobile sur son cheval, il ne lui vient pas à l'esprit de s'emporter. Heureux caractère !

Deux heures et demie pour parcourir quatre kilomètres, la nuit, sous des rafales de vent et de pluie, le ventre vide ! Nous trouvons cela raide.

Enfin, on nous ouvre les portes. Nous allons pouvoir nous reconforter.

Le soldat passe la nuit dans la cour du fort avec des vêtements humides sur le dos. Pour comble de malheur il est impossible de dresser les tentes dans cette boue gluante.

11 AOUT

Le matin chacun s'aborde. La plupart ont passé une nuit affreuse. Aussi tempêtons nous de bon cœur contre les ordres d'hier. Notre mauvaise humeur dure peu; l'inquiétude de l'avenir l'emporte sur tout autre sentiment.

Du haut des remparts nous apercevons des troupes dans la direction de Borny; elles attirent vivement notre attention.

« Que Bazaine ne laisse pas échapper le « prince Frédéric-Charles et donner la main « à Fritz, dit le commandant A... Heureuse- « ment, ajoute t-il, le maréchal n'est pas le « premier venu. »

Bazaine inspire, en effet, à tous la plus grande confiance.

Dans la journée nous entendons des détonations d'artillerie du côté de Colombey.

Nous sommes sur le qui-vive.

Demain probablement se livrera la grande bataille. (1)

12 AOUT

Les bruits les plus invraisemblables circulent à travers l'armée: Lebœuf passerait au conseil

(1) Nous nous trompions de cinq jours. Nous ignorions que Bazaine devait repasser sur la rive gauche de la Moselle et tenter de gagner la route de Verdun.

de guerre; Frossard serait à la veille d'être fusillé.

Dans l'après-dînée je me rends à Metz en quête de nouvelles.

A peine ai-je quitté le fort qu'un soldat étendu le long de la route m'appelle à son secours. Il présente une plaie par arme à feu sur la face dorsale du pied. Au premier coup d'œil il est facile de reconnaître que cet homme s'est blessé lui-même pour ne pas se battre. Ce fait heureusement isolé ne me suggère pas moins de tristes réflexions. Je songe malgré moi aux blessés de Lutzen et de Bautzen sur lesquels il a toujours plané un doute.

En continuant mon chemin, je suis assez heureux pour découvrir un pauvre diable qu'une foule furieuse prend pour un espion et va jeter dans un puits, on l'accuse d'en avoir empoisonné l'eau. J'en bois volontiers un grand verre pour prouver à ces forcenés qu'ils se trompent.

Je ne parviens à pénétrer dans Metz qu'en surmontant de grandes difficultés. Une longue file de voitures rend la circulation à peu près impossible. Ce sont des paysans lorrains qui les conduisent. Ils fuient à l'approche de l'ennemi. Ils ont entassé pêle-mêle leurs denrées, leurs femmes, leurs enfants et viennent s'engouffrer dans la place. (1)

Au café Parisien je rencontre beaucoup de mes camarades du Val de Grâce. Ils m'apprennent que Mac-Mahon n'a pas essayé de défendre les défilés des Vosges. Comme moi ils comptent sur la concentration des forces et espèrent encore.

Nous voyons défiler un régiment, le 25e de

(1) Ils augmenteront malheureusement le nombre des bouches et hâteront le moment de la reddition.

ligne qui arrive de la gare. Il était hier au corps législatif.

Les journaux d'hier et d'aujourd'hui ne sont pas arrivés.

En rentrant au fort, j'aperçois cinq ou six soldats maltraitant un prêtre. Je m'approche.

« C'est un espion, me disent-ils ; il a une « blouse sous sa soutane. »

Je tiens à juger le cas moi-même : les réponses du soi-disant prêtre me semblent évasives ; il a peur. Je l'abandonne à son malheureux sort.

13 AOUT

Dès six heures du matin, le colonel commandant le fort Queuleu conduit les officiers sur les remparts ; il leur assigne leurs postes respectifs en cas d'attaque.

Les fortifications ne sont pas achevées. On y travaille activement depuis un mois.

Pendant le dîner, on nous apprend que le régiment doit se tenir prêt à partir demain à cinq heures du matin.

Un instant après on nous annonce que nous ne partirons que sur un ordre donné ultérieurement.

II — BORNY

Le Passage de la Moselle

14 AOUT

Tout le monde est debout à quatre heures. La journée s'annonce belle. Nous nous attendons à partir bientôt.

A dix heures, le colonel reçoit l'ordre de faire conduire les bagages sur la route de Verdun.

A une heure après-midi arrivent 700 hommes du dépôt.

Les officiers prétendent que ces hommes, mariés pour la plupart, n'ayant aucune envie de se battre, vont jeter le découragement dans leurs bonnes troupes.

Un incident qui survient quelques instants après vient confirmer cette manière de voir.

Un de ces hommes se roule par terre, pleure. Qu'a-t-il ? Il regrette sa femme, ses enfants. Peut-être aussi l'alcool a-t-il troublé sa raison. Les soldats témoins de cette scène se retirent, la tristesse dans l'âme. Il est heureux qu'ils n'assistent pas souvent à de pareils spectacles.

Il est quatre heures. Du haut des remparts les officiers observent des mouvements de troupes ; ils prétendent qu'il se prépare quelque chose d'extraordinaire.

Quelques coups de canon !!! La voilà donc la

bataille tant désirée ! Bientôt à une canonnade effroyable s'ajoutent le crépitement des chassepots et les décharges des mitrailleuses. En un clin d'œil tout le régiment est sur les fortifications.

A nos pieds, la plaine ; plus loin, les villages de Borny, de Colombey ; des nuages de fumée d'où jaillissent mille éclairs, et dans la pénombre des masses disposées sur plusieurs rangs ; quelque chose de vaguement géométrique : c'est l'armée française rangée en bataille. Quelques oscillations se produisent. « C'est pour combler les vides, » disent les anciens.

Sur notre gauche descendent à toute vitesse du fort St-Julien quelques batteries d'artillerie. Elles s'arrêtent à mi-côte et couvrent l'ennemi de projectiles.

Nous sommes haletants d'émotion. Assister à une tuerie sans y prendre part, quoi de plus sinistrement grandiôse !

Je m'attache aux pas de mon médecin-major. Il est calme, observe les officiers, me fait part de ses impressions.

« Regardez donc le lieutenant L. de V...
« Quel bel officier ! Il a de la race. C'est le petit-
« fils du maréchal O... Vous verrez comme il
« se battra bien ! »

Et quelques instants après :

« Que ce pauvre P... est triste ! il est per-
« suadé qu'il sera tué. » P... est un officier instruit ; il est chargé des cours du régiment. Je le vois venir à moi. « Docteur, me dit-il, faites-
« moi le plaisir d'accepter ce dépôt ; j'ai le pres-
« sentiment que dans quelques jours je serai
« mort. » En même temps il veut me confier quelques billets de banque et une lettre à l'adresse de sa famille. Comme je lui fais remarquer que moi aussi je puis être tué, il

n'insiste pas et se retire les yeux pleins de larmes (1).

« Partons ! Partons ! mes enfants; sur la route de Verdun. » C'est le colonel qui parle ainsi.

Les officiers montés sont bien vite à cheval. La route du fort est libre, aussi arrivons-nous rapidement à Metz.

Avant de pénétrer dans la place, nous jetons un dernier regard dans la direction de Borny ; mais la nuit arrive, et les bruits de la bataille se taisent.

Les gardes-nationaux sont sur les remparts, l'arme au bras. « Les Prussiens viennent de recevoir une rude volée, disent-ils tous. »

Sous nos yeux défilent une longue suite de brancards recouverts de toile grise, sous lesquels des blessés s'agitent, geignent et râlent.

Ici, dit-on, est le colonel du 44e ; là, le général D... un peu plus loin, le colonel du 69e, plus loin encore le général C....

Quel encombrement à Metz ! Le régiment n'avance plus. Le mulet chargé des cantines d'ambulances disparaît, je ne vois plus les deux hommes qui le conduisent. Le cas est grave. C'est en réalité, perdre ses armes la veille de la bataille. Que faire ? Lancer mon cheval dans la foule ? mais c'est un pêle-mêle si serré qu'un piéton même aurait peine à se frayer passage. (2)

De Metz à Longeville, même encombrement.

Cette marche si pénible se fait cependant sans bruit, sans plaintes. Il tarde tant à ces braves soldats d'en venir aux mains, qu'ils supportent tout avec patience.

(1) L. de V... et P... seront tués à Gravelotte.

(2) Je ne retrouverai nos cantines d'ambulance que le 16, quelques heures avant la bataille de Gravelotte.

A Ste-Ruffine la vallée s'élargit ; le *régiment se donne de l'air*. Les hommes grimpent dans des terres en friche.

« Que dites-vous de cette marche, docteur, « me dit le commandant A... ? ma parole d'hon- « neur ! On dirait que toute l'armée passe par « là ! » (1)

« Nous ne souperons pas ce soir », ajoute le commandant. Au même instant il glisse et tombe lourdement.

« Sacrebleu ! docteur, n'approchez pas. Quelqu'un a dû passer par là ! » et d'un geste qui lui est familier il caresse sa moustache.

« N'approchez pas, n'approchez pas, vous dis- « je. Ma parole d'honneur, je ne sens pas le « musc..... »

15 AOUT

A l'aube, les officiers se dirigent sur le village de Ste-Ruffine. La conversation roule sur le combat de hier. Pour tous nous avons remporté la victoire. (2)

Dans la matinée, nous entendons quelques coups de canon de l'autre côté de la Moselle. Nous apprenons, quelques heures après, que ces boulets viennent de tuer le colonel du 10e, qu'un commandant a eu une jambe emportée, et qu'un capitaine a été blessé.

Il est huit heures. Nous gravissons le pla-

(1) Il ne se trompait pas. L'armée entière passait par l'unique route de Longeville et trois autres routes auraient pu être utilisées. (Rapport du général Rivière.)

(2) Nous ignorions alors que les Prussiens ne nous avaient attaqués que pour retarder le passage de notre armée sur la rive gauche de la Moselle.

teau. A deux kilomètres de Gravelotte, nous nous reposons une demi-heure.

En traversant le village, nous apercevons des jeunes filles parées, endimanchées.

— « Tenez, dis-je à M. N..., voyez-vous les « braves gens de ce pays faire des frais de toi« lette pour nous ! »

— « Mais c'est le 15 août, me répond-il. »

Un peu plus loin on nous apprend que l'Empereur a traversé Gravelotte, mais que les troupes ne l'ont pas acclamé.

Le régiment continue sa marche, laisse Rezonville sur sa gauche, et vient camper à deux kilomètres de ce village, au sud-ouest.

Nous sommes avec les trainards. Un officier a pour un de ses hommes un mouvement de violence extrême.

« Il a tort, me dit M. N..., il s'expose à se « faire démolir à la première bataille » (1).

Il est deux heures. Nous dressons nos tentes.

On m'appelle à la hâte pour un cas pressant. Un soldat vient de loger une balle dans le ventre de son camarade de lit. Le maladroit est au désespoir ; le blessé meurt au bout de quelques minutes.

Nous allons aborder les champs de bataille. Le moment est donc venu de présenter au lecteur mon colonel, mon lieutenant-colonel, mon

(1) Cet officier a été tué à Gravelotte, j'aime à croire que c'est par une balle prussienne.

médecin-major et les officiers avec lesquels *j'ai fait popote* (1) sous Metz.

Les voici à grands traits.

Grand, mince, myope, le crâne complètement nu, le colonel Y... était le type du colonel français.

Il avait tout le flegme britannique, et sous la placidité apparente d'un quaker se cachait un vrai cœur de soldat.

Oh non ! ce n'était pas un Ramollot que le colonel Y... Il était à la vérité brave comme lui, mais il causait peu et jurait encore ~~bien~~. moins.

M. K... était le modèle des lieutenants-colonels. Sous l'épaulette, c'était un soldat ; sous le vêtement civil, c'était un gentilhomme.

Intelligent, instruit, d'une aménité avec ses inférieurs qui ne se démentait jamais, il était adoré de tout le régiment.

Marié et père de quatre enfants, il ne s'est pas moins battu comme un lion.

Il est mort général il y a quelques années.

Quel soldat que le commandant A... ! Sanguin, bouillant, effervescent, son œil devenait de feu quand on parlait combat.

Il avait fait toutes les campagnes du 2e Empire.

Ses muscles d'acier laissaient deviner une ossature herculéenne.

Une calvitie précoce ne lui enlevait rien de sa vigueur.

C'était le chef de notre popote.

Il a obtenu sa retraite comme lieutenant-colonel.

(1) En campagne, les officiers se réunissent par groupes pour prendre leur repas. Chacun de ces groupes constitue une *popote*.

Le capitaine M... avait cinquante ans. Il aurait pu rester au dépôt, mais il avait sollicité l'honneur de faire campagne.

Grand, svelte, vigoureux, il avait les allures d'un sous-lieutenant. Ses nombreuses campagnes ne l'avaient pas vieilli. Né dans l'Est, il avait plus que nous, si c'est possible, la haine du Prussien. Combien de fois ne l'ai-je pas vu pleurer de rage au récit de nos désastres.

Il s'est distingué à Gravelotte et à Saint-Privat et il a pris sa retraite sans avoir obtenu ni grade, ni décoration.

Le capitaine adjudant-major B... était malade. Une dyssenterie chronique minait sa grêle constitution. Il avait à peine la force de se tenir à cheval.

A Gravelotte ses forces le trahirent. Il descendit de cheval, s'assit par terre, et continua pendant quelques heures à donner des ordres.

A Saint-Privat, il voulait à tout prix prendre part au combat. Nous le forçâmes à partir pour Metz. Il resta à l'ambulance jusqu'au deux septembre.

Il est mort peu de temps après la guerre.

Le lieutenant M... était aussi modeste que brave. Il reçut un coup de sabre sur la nuque, à Gravelotte, dans une des charges que firent les Uhlans contre le 6e corps. Au moment où il fut blessé, il mettait en joue un cavalier avec un fusil qu'il venait de ramasser sur le champ de bataille.

Après la disparition du porte-drapeau L..., il fut désigné pour le remplacer.

Le capitaine de R... et le lieutenant du C... alliaient à une éducation soignée une bravoure à toute épreuve. Ils étaient tous les deux officiers d'ordonnance du maréchal Canrobert. Je leur dois une partie notable des renseignements consignés dans mes notes.

M. N..., mon médecin-major, était fils d'un général du premier Empire. Il appartenait par sa mère à la noblesse du Midi. (J'ai appris ce dernier détail par la lettre de faire-part qui m'a annoncé sa mort. Il était si modeste !); et j'apprécie encore mieux aujourd'hui le tact et la distinction qu'il apportait dans ses moindres relations.

Il commença par le droit où il prit ses grades pour se lancer ensuite dans la médecine qu'il étudia avec passion, et qu'il pratiqua avec le plus grand dévouement.

Il était doux et affable, causait peu, mais agréablement.

Sa naissance et son éducation lui ouvrirent bien des portes, entre autres, celles du général Bourbaki. L'un appartenait à l'Empire, l'autre était républicain ; mais ces deux hommes de cœur aimaient la France avec frénésie ; cela leur suffisait.

Jusqu'au jour où le général quitta Metz, M. N... lui rendit visite tous les jours, et le bruit courut dans le corps d'armée qu'il lui traduisait les journaux étrangers.

En retraite dans son pays natal, mon ancien chef a entretenu une correspondance suivie avec son aide-major de l'armée de Metz ; c'est lui qui m'a appris les détails circonstanciés de la blessure de Bourbaki ; il était médecin du général à l'armée de l'Est. Ce cher maître vient de mourir principal de 1re classe et officier de la légion d'honneur. Il avait été refusé au concours des hôpitaux, et c'est contrairement aux règlements qu'il était arrivé à son grade, tant son mérite et son savoir étaient appréciés !

M. l'inspecteur L..., médecin en chef de l'armée du Nord, me disait un jour : « un jury se déshonore quand il élimine un homme comme N... »

O..., le 21 août 1886.

III — GRAVELOTTE

Une Ambulance

16 AOUT

Aux armes! aux armes! Il est une heure après minuit.

Ce cri répété dans l'ombre a quelque chose de lugubre. C'est une fausse alerte.

A cinq heures, tout le monde est debout. Une brume épaisse recouvre la Moselle, mais le soleil se lève chaud et radieux. Eclairera-t-il une scène de carnage ?

« C'est le soleil d'Austerlitz », s'écrie le commandant A..., en mettant le nez hors de sa tente.

« Comprenez-vous, ajoute-t-il, qu'on ne fasse
« rien dire aux officiers supérieurs ? Croiriez-
« vous que j'ignore complètement où est l'en-
« nemi ? Nous avons une cavalerie qui ne fait
« rien. Pourquoi ne pas envoyer des éclai-
« reurs ? »

Au même instant arrive un cavalier.

— « Où est le docteur ? »

— « Le voici. »

— « On vous demande à Rezonville pour « donner des soins à un soldat de la Maison du « Maréchal. »

Dans le village, je viens me heurter à des obstacles sans nombre : voitures, caissons, fourgons, chevaux, etc.

J'avise un commandant d'état-major.

— « Où sont logés les gens du maréchal, mon « commandant ? »

— « Suis-je le berger du maréchal ? F... moi « la paix. »

Bien que discipliné par nature, je ne puis me dispenser de répondre.

— « Je ne suis pas en partie de plaisir, mon « commandant. »

Il me regarde d'un air moins courroucé ; peut-être regrette-t-il sa violence ?

Je tourne bride.

Un brave homme du village se met avec moi àla recherche du maire. Nous le trouvons enfin.

Ce digne fonctionnaire est ahuri ; il a à répondre à tout le monde ! Il me conduit pourtant avec une bonne grâce qui me touche, au fond d'une grange où se trouve un soldat atteint d'un vulgaire embarras gastrique.

Parcourir quatre kilomètres pour constater si une langue est plus ou moins blanche, quelques instants peut-être avant une bataille, cela n'est pas fait pour mettre de bonne humeur.

« Imbécile ! dis-je à mon homme ; vos cama- « rades à qui nous allons bientôt couper bras « et jambes sont plus à plaindre que vous. »

Je borne là ma prescription.

Tout-à-coup j'entends près de moi une voix connue. Je me retourne et aperçois M. J..., mon professeur de chimie au Val de Grâce.

« Les Prussiens sont là, me dit-il ; ils passent « en ce moment le pont de Gorge. Pourquoi n'a-t-on pas détruit ce pont? Pourquoi ne pas inquiéter l'ennemi pendant ses opérations ? »

Il ajoute en secouant la tête : « Mystère ! mon ami, mystère ! » (1)

Je rejoins mon régiment à la hâte pour annoncer aux officiers ce que je viens d'apprendre.

Tous trouvent que le général de division a le grand tort de ne rien faire dire. Sans aucun doute il doit connaître les mouvements de l'ennemi.

Quoiqu'il en soit, disons-nous, déjeunons vite pour ne pas être pris au dépourvu.

Le canon !! le canon !!

Il est dix heures moins un quart. Nous en sommes au café.

« C'est une bataille ! mes amis, c'est une bataille ! s'écrie le commandant A... »

Nous vidons prestement notre carafon d'eau-de-vie.

« Au succès de la journée ! s'écrie le capitaine « M... En avant ! »

Devant nous, au Sud-Ouest, une ondulation de terrain ; deux cents mètres seulement nous séparent du point culminant. A notre droite, à trois cents mètres, une forêt. A notre gauche, à huit cents mètres, la route de Rezonville à Mars-la-Tour.

En un instant le régiment est en bataille.

« Suivons les troupes, me dit M. N... C'est « l'ordre du colonel. »

(1) Il est vraiment pénible de penser que parmi tous les ponts situés aux abords de Metz, on ne détruisit précisément que celui qui pouvait nous servir, le pont du chemin de fer. (Rapport du général Rivière).

Mais qu'apercevons-nous ? Quel nuage de poussière ! Quel désordre ! Ce sont trois régiments de cavalerie qui se rabattent sur nous : ils se sont laissé surprendre. Les bataillons s'ouvrent et les laissent passer.

Malgré le sifflement des projectiles, mon chef est calme. Il observe tout et critique les mouvements.

— « Quel bon colonel vous eussiez fait, Monsieur N... ! »

— « Je commence à le croire, mon ami. »

— « Comprenez-vous, me dit-il, qu'on place « de l'infanterie à quelques pas des batteries « d'artillerie ! En voilà deux qui ne sont pas à « plus de quarante mètres de nous !

« Faut-il être imprudent pour ranger nos « troupes en bataille au sommet du mamelon ! « Elles seraient bien mieux à cent mètres en « arrière. Il serait toujours assez tôt de les « faire avancer en temps opportun. Là-bas, au « moins, elles seraient à l'abri des balles.

« On devrait laisser les tirailleurs des deux « armées *se débrouiller* ensemble dans ce « vallon.

« Apercevez-vous les masses Prussiennes ! « Non ! Elles sont cachées dans les bois. L'en- « nemi va s'en donner à cœur joie contre nos « lignes ! Triste ! Triste ! »

Depuis plus d'une heure la bataille est franchement engagée ; les projectiles passent comme grêle sur nos têtes.

« Ils tirent trop haut, dit M. N... »

Les chevaux ne sont pas habitués à ce concert. Ils se cabrent. Impossible de rester à cheval.

Le colonel est calme, mais il fait aussi bon marché de la vie de ses hommes que de la sienne ; il oublie de faire coucher le régiment. Le lieutenant-colonel voit la faute et la répare.

« Couchez-vous, mes enfants... »

Les officiers supérieurs seuls restent à cheval.

« Prenons l'horizontale comme les autres, « dit M. N..., et il ajoute :

« Je croyais ne jamais rien entendre de plus « fort que le bombardement de Sébastopol, « mais ceci dépasse. »

Nous avons sous les yeux un spectacle qui serait du plus haut comique si nous n'étions en plein drame : Les soldats à qui nous avons confié nos chevaux les placent en travers et s'en font un rempart vivant contre l'ennemi ; mais les pauvres bêtes sont excitées par les bruits de la bataille ; elles trépignent, bondissent, changent de place à chaque instant et forcent leurs gardiens à en faire autant.

Tout à coup dans nos rangs la scène change d'aspect. Les Prussiens rectifient leur tir ; nos hommes tombent en masse.

Le colonel, le lieutenant-colonel, les capitaines adjudants-majors passent à cheval devant chaque compagnie. Ils engagent les soldats à rester calmes et à ne faire feu qu'au commandement.

« Ne craignez rien, mes enfants, leur dit le « lieutenant-colonel, nous saurons bien nous « défendre. »

Phénomène rare ! Ce brave officier ne salue aucun projectile.

« Ne trouvez-vous pas qu'il fait bien chaud « ici, Monsieur N... ? »

A peine ai-je dit ces mots, qu'une balle me frappe au genou droit. Je porte vivement la main sur la région endolorie. Mon médecin-major croit à tort que je vais perdre la tête. « Ce n'est rien, mon ami, » me dit-il, sans m'avoir examiné.

Au même instant un obus éclate sous la batterie qui est à notre droite. Les chevaux sont broyés et quatre hommes gisent à terre.

Des brancardiers les enlèvent et nous apportent tout d'abord le plus grièvement blessé.

Malgré ma contusion je me mets en devoir de le panser. Il a la peau de l'abdomen, des cuisses, du scrotum complètement décollée et renversée ; les lambeaux sont remplis de sable, de graviers, et..... pas d'eau !

Les deux membres supérieurs sont déchiquetés.

— « Mon ami, je vais vous enlever ce bras. »

— « Jamais, Monsieur le major. »

Je saisis le membre par un doigt et le soulève.

Le malheureux regarde et dit tout résigné :
— « Faites. »

Un coup de ciseaux et cela suffit. Il n'a pas dû survivre longtemps à ces affreuses blessures.

Cinq officiers sont là qui réclament nos soins : Le sous-lieutenant F... avec une balle dans le poignet ; D... la mâchoire fracassée, etc., etc.

M. N... s'occupe de F....

Il tente en vain d'extraire le projectile ; aussi bien les balles et les obus pleuvent toujours, et l'opérateur ne parvient pas à faire partager son calme à l'opéré.

« Que faisons-nous ici, dit M. N..,. Si le colonel nous avait laissés libres de choisir notre poste, nous aurions déjà rendu quelques services, mais sous cette pluie de fer, impossible ! Partons ! pénétrons dans ce bois, puis nous irons à la rencontre d'une ambulance. » (1)

Mon chef, le sous-lieutenant F.... et moi nous

(1) Voir plus loin l'opinion de l'auteur sur la place que doit occuper le médecin militaire pendant une bataille.

cheminons dans la forêt, un peu à l'aventure. L'adjudant de M. F.... nous suit. Tout-à-coup il pousse un cri et tombe. J'accours ; il a été frappé en plein abdomen. La balle n'a pas pénétré ; la blessure n'est pas mortelle.

Sur la lisière du bois, M. N.... fait une nouvelle tentative pour extraire la balle du poignet de F. .. Il n'est pas plus heureux que la première fois.

Enfin nous apercevons une ambulance.

A huit cents mètres en arrière du champ de bataille, à quelques pas d'une forêt est une ferme, Villers-au-Bois. Devant nous, à droite du chemin un immense hangar ; plus loin et du même côté, le logement du fermier. A gauche du chemin une coquette maison bourgeoise et attenant à elle un vaste bûcher.

Cinq cents blessés et pas un médecin !!! Les quelques chirurgiens de l'ambulance sont dans la maison bourgeoise occupés à faire des amputations. (1)

« Les appareils à pansement ! nous écrions-
« nous. La charpie, vite ! vite ! »

Les voitures d'ambulance sont là ; mais personne pour les ouvrir.

Nous apercevons un intendant ; nous le supplions de nous tirer d'embarras.

« Nous jouons de malheur, Messieurs, l'offi-
« cier chargé du matériel est introuvable et c'est
« lui qui a les clefs. Si dans cinq minutes il
« n'est pas ici, je fais éventrer les voitures. »

Enfin, arrive l'officier.

1) Que serait-il advenu des 500 blessés de Villers-au-Bois si les chirurgiens des régiments n'étaient venus offrir leurs services aux cinq médecins de l'ambulance qui y était installés?

Un toit à grandes dimensions, quatre murs, des colonnes ; sur le sol une couche de paille. Que de blessés sous ce hangar !

En entrant nos regards s'arrêtent sur un malheureux artilleur. On n'a pas osé l'enlever du brancard qui a servi à l'apporter. Il est exsangue ; mais dans ses yeux atones on lit la résignation.

« Il a laissé sa jambe sur le champ de ba-
« taille, dit M. N.... »

Sous des lambeaux de drap baignant dans le sang, je découvre des muscles broyés, palpitants, un fémur fracassé dépassant de plusieurs pouces cet affreux moignon.

Il va succomber.

« Un cordial à cet artilleur, » et nous passons.

A quelques pas de là est un adjudant d'artillerie, son genoux est largement ouvert et de ce trou béant le sang s'échappe à flots.

« A l'ambulance ! A la maison bourgeoise ! Que l'on se hâte de pratiquer l'amputation. »

Ces deux pauvres diables ont été frappés, nous dit on, par les éclats du même projectile.

Nous disposons les blessés sur plusieurs rangs, afin de pouvoir circuler.

Vingt environ ne peuvent garder la position horizontale. Les uns étouffent, les autres vomissent le sang à pleine bouche : Ce sont les blessés à plaies pénétrantes de poitrine. Nous les adossons aux murs.

« Que je suis à plaindre, me dit l'un d'eux en
« soupirant, je suis marié, moi ; je suis père
« de trois enfants. Il est vrai que mes voisins
« sont bien malades aussi, mais eux, ils sont
« célibataires. »

Des éclopés poursuivent, assiégent les médecins.

« Monsieur le major, de grâce enlevez cette balle. »

« Monsieur le major, je perds tout mon sang ; je vous en prie, liez la veine. »

« Monsieur le major, un pansement sur cette plaie. »

« Des médecins ! des médecins ! »

On demande des médecins au bûcher voisin.

Il est trois heures.

A ce pressant appel, nous nous hâtons de sortir.

Couverts de sang, mourant de soif, harassés, exténués, nous nous arrêtons quelques minutes dans la cour.

Sur Gravelotte et Rezonville, le combat continue plus vif qu'à midi. Les notes claires et grêles de la fusillade et des décharges de mitrailleuses se détachent sur le grondement sourd du canon.

Deux sentiments nous étreignent : l'horreur de la guerre ; ce qui fait dire à M. N... : « Ces canailles de souverains devraient se battre en champ clos ; » et l'inquiétude sur le succès de la journée. En jetant les yeux du côté du champ de bataille, nous apercevons une longue file d'hommes. On dirait un régiment marchant en désordre.

Nous faisons quelques pas dans cette direction. Ce sont les blessés qui nous arrivent en foule.

« Comment cela se passe-t-il là-bas ? leur demandons-nous.

« Nous les avons repoussés, » nous répondent-ils. Ils ajoutent bien d'autres détails avec la volubilité, la surexcitation, l'effarement habituels aux blessés qui viennent de quitter le champ de bataille.

Ces bonnes nouvelles nous transportent de joie

Au bûcher mêmes scènes d'horreur, mêmes blessures affreuses que sous le hangar.

Nous le quittons au bout d'une demi-heure pour nous rendre dans la maison bourgeoise.

Au rez-de-chaussée, il y a une vaste pièce parquetée, cirée. C'est là que se trouvent les officiers blessés : les uns sur des brancards, les autres sur des matelas.

Dans une petite chambre voisine, éclairée par deux grandes fenêtres, se tiennent les médecins de l'ambulance. Ils pratiquent les grandes opérations, celles qui réclament l'emploi du chloroforme.

On monte au premier étage le colonel du 70e. Une balle lui a fracassé le fémur et coupé l'artère crurale. Il va expirer. Il ne répond pas à nos questions.

Mais, qu'aperçois-je ? c'est le capitaine X..., un exalté, un fou. Au premier bruit de guerre, il voulait seul, avec sa compagnie, aller jusqu'à Berlin.

— « Docteur, me dit-il, si vous avez besoin « d'aide, ne craignez pas de me mettre à contri- « bution. Faites-moi porter les tisanes. »

— « Quelle blessure avez-vous reçue, capi- « taine?

— « C'est une motte de terre qui m'a frappé dans le dos. »

Je ne constate que ce cas de défaillance au régiment, et encore l'état mental du capitaine, explique-t-il tout. (1)

Cependant un lieutenant d'état-major est là. Les coudes appuyés sur une table, il cache son

(1) Le 18, à St-Privat, il se cachera dans l'église du village, au fond d'un confessionnal.

visage derrière de larges mains. Il tient évidemment à ne pas être reconnu.

Je l'aborde. Quelle n'est pas ma surprise? Il y a trois ans à peine, nous étions dans le même régiment. Ma présence lui est désagréable; il rougit. Il a fait, prétend-il, une chute de cheval (1).

L'armée de Metz est brave. N'est-elle pas l'armée française? Que sont quelques scories dans l'or pur?

Il est huit heures. Le canon se tait. La nuit arrive.

« Allons sur le théâtre de la lutte, me dit « M. N... ; Peut-être pourrons-nous ramasser « quelques-uns de nos camarades. »

Nous partons à cheval. Arrivés à l'endroit où la bataille a commencé le matin, nous apercevons vaguement dans l'obscurité de nombreux points noirs. Ce sont des cadavres.

« Ne vous aventurez pas ainsi, nous crie-t-on « de loin ; l'ennemi est là. » Celui qui nous parle est un chef de bataillon, de garde avec sa troupe derrière un rideau de bois. »

A peine avons-nous tourné bride que les balles sifflent à nos oreilles.

A cent mètres de l'ambulance, nous trouvons assis près d'un brasier le docteur Roux, un de mes camarades d'école. Il mord à belles dents dans un morceau de pain.

« A propos, mon ami, comment allons-nous souper, me dit M. N... ?

« Ne vous inquiétez pas, ajoute-t-il ; j'ai dans « mon sac un morceau de pain et un peu de « lard ; nous partagerons en frères. »

(1) Après la reddition, je l'ai rencontré dans les rues de Metz, un ruban à la boutonnière.

— « Mes compliments, cher ami. »

— « Ce n'était pas trop tôt, me répond-il, elle est enfin arrivée. »

Nous donnons un dernier coup d'œil dans les ambulances. Quelques blessés ont succombé. Chez la plupart les plaies commencent à devenir douloureuses.

Nous tombons de fatigue : Quel soulagement nous apporteraient quelques heures de sommeil!

« Avant de nous reposer, dit mon chef, allons « voir le colonel du 70e. »

Nous ne trouvons plus que son cadavre. Nous allons sortir quand du fond de la pièce obscure partent des gémissements, la voix chevrotante d'un blessé en délire.

A la lueur d'une allumette nous reconnaissons le sous-lieutenant V... de notre régiment. En juillet, il était encore à St-Cyr. Une balle lui a traversé le foie. Il ne nous reconnaît pas. Il commande le feu et encourage ses hommes.

« Pauvre enfant, dit M. N... avec des larmes dans la voix, tu meurs victime de la folie des rois.»

Nous gagnons la ferme. Dans la cuisine sont deux blessés : l'un a le genou ouvert, l'autre la poitrine trouée par une balle. Ces deux pauvres garçons gémissent, demandent à boire.

Nous nous étendons sur un tas de paille dans la salle à manger. Mais comment dormir après les horribles scènes de la journée !

Nous nous relevons du reste à tour de rôle pour donner à boire à nos malheureux voisins.

Néanmoins nous sommes pleins d'espoir. Ne couchons-nous pas sur nos positions ? N'avons-nous pas remporté une victoire ? (1)

(1) Gravelotte était en effet une victoire française et il eût été possible le lendemain 17, de jeter les Allemands à la Moselle.

Bazaine se rabattit sur Metz sous prétexte que les munitions et les vivres allaient manquer.

En réalité, il avait encore des munitions pour quatre à cinq grandes batailles et l'armée en se retirant dut mettre le feu à plus de deux millions de rations, pour éviter qu'elles ne tombassent aux mains de l'ennemi. (Rapport du général Rivière.)

17 AOUT

Dès l'aube, des groupes nombreux de divers régiments errent dans la forêt. Ici une escouade, là une compagnie. Chacun est à la recherche de son régiment.

« Où est le 101e régiment ? (1) Où est le 60e ? etc., etc. Pour réponse on entend : « Allez à droite. Allez à gauche. Retournez en arrière. »

Après une demi-heure de marche, de contre-marche, M. N... et moi, nous finissons par tomber au milieu de notre régiment.

En nous apercevant, les officiers poussent des cris de joie. Qu'ils sont expressifs, tous ces serrements de mains !

« On dit, mon colonel, que vous avez eu trois « chevaux tués sous vous. »

Le vieux brave se contente de sourire, il parle moins que jamais.

De loin, le lieutenant-colonel m'appelle. — « Docteur, voyez un peu ceci. » Il me montre la plaque de son ceinturon. Une balle y a creusé un godet.

— « Vous ne souffrez pas, mon colonel ?

— « Non, j'ai seulement sur le ventre une forte ecchymose. »

— « Gardez votre plaque, mon colonel ; ce sera un souvenir. »

Les autres officiers ont hâte de nous montrer leurs éraflures.

« Un centimètre de plus, dis-je à l'un, et vous aviez la carotide coupée ; » et à un autre : « Sans votre carnet de poche votre fémur serait fracassé, etc., etc. »

— « Combien avez-vous perdu de vos cama-

(1) Pour éviter toute allusion et ne soulever aucune personnalité, l'auteur désignera les deux régiments dont il a fait successivement partie sous Metz par les numéros 101 et 102.

rades? Combien d'hommes sont restés sur le terrain? »

— « Vingt-cinq officiers manquent à l'appel, me répond-on, et il est à présumer que le régiment compte mille hommes tant tués que blessés » (1).

Le 6e corps s'ébranle et se dirige sur St-Privat.

Je parcours à cheval toute la colonne en quête de renseignements.

— « Connaissez-vous le but de ce mouvement? » demandé-je au capitaine Em..., un des officiers les plus distingués du régiment.

— « Nous avons f..... hier une telle pile aux prussiens, me répond-il, que je les soupçonne en fuite. Nous allons sans doute leur barrer le passage du côté de Thionville. »

Il est dix heures. Nous faisons une halte à Verneville.

Etendu sur le sol, j'aperçois au loin un groupe de soldats. Je veux savoir ce qui se passe là-bas.

Au milieu du groupe est un cavalier prussien, prisonnier de la veille. Il se dit étudiant, parle avec exaltation. Il nous déclare que nous serons battus, que l'Allemagne est la première puissance militaire du monde. « Für Kœnig und Vaterland! » Cette devise, il ne cesse de la répéter.

« Nous passons pour chauvins, dis-je aux officiers qui sont autour de moi; que pensez-vous des Allemands? »

Nos hommes veulent à tout prix que le prisonnier boive à leur gourde. Qu'il est bon enfant le soldat français!

« Mais, docteur, qu'est-ce que j'aperçois? me dit le commandant P..., placé derrière moi.

(1) Ces chiffres étaient exacts.

Déjà!!! et d'une chiquenaude donnée à mon manteau, il fait tomber un insecte, un p...

Je recule d'horreur. Une démangeaison désagréable, imaginaire, j'en conviens, me poursuit toute la journée. N'est-ce pas la guerre sous un de ses hideux aspects?

Il est deux heures. Le corps d'armée se remet en marche.

Le sous-lieutenant du C... me raconte, chemin faisant, ce qui l'a le plus frappé dans la journée d'hier.

— « Un colonel, me dit-il, ne doit pas être myope. »

— « Pourquoi?

— « Hier nous avons eu affaire à la cavalerie ennemie, et à la première charge notre colonel s'est écrié : — Ne tirez pas! ne tirez pas! Ce sont des Français. — Ce qui explique que beaucoup de nos hommes ont été sabrés.

« A une nouvelle charge il s'y est encore trompé, mais le commandant A... a heureusement commandé le feu. Quelques uhlans ont néanmoins pu traverser nos lignes pour être détruits quelques instants après par notre cavalerie. »

« Eh bien, docteur, continue du C..., savez-vous que le lieutenant de V... a été tué? Ce cher ami!

« Son capitaine était chargé de la surveillance des bagages. « Quel bonheur! » s'écrie de V... en apprenant qu'il allait commander la compagnie. « Je vais pouvoir me battre à mon aise. » Le sous lieutenant Dub... était fait pour le comprendre.

« Au premier coup de canon, de V... salue avec la grâce chevaleresque qu'il tenait de son grand-père, le maréchal O...

« Obligé plusieurs fois de suivre le régiment

dans ses mouvements de retraite, il recule mais en tournant la face à l'ennemi.

« Une balle lui traverse la poitrine; il tombe; son sergent-major le secourt.

« Laissez-moi, mon ami, laissez-moi mourir, lui dit-il. Conduisez nos soldats à l'ennemi.

Au même instant un obus lui fracasse la cuisse.

« Au sous-officier qui pleure, il dit: C'est fini; je suis perdu, et faisant le signe de la croix, il ajoute : Prenez ma montre; vous la remettrez à ma mère; vous lui direz que son fils est mort en soldat et en chrétien.

« Peu de temps après Dub... a le coude fracassé et la compagnie reste avec son sergent-major. » (1)

Devant nous est St-Privat. Le commandant A... m'appelle.

« Docteur, allez donc au village chercher quelques victuailles. Nous n'avons guère mangé depuis hier !

Je pars suivi de mon ordonnance. Le brave garçon rapporte triomphalement du pain, du vin et une poule.

Le régiment s'arrête à égale distance de St-Privat et de Roncourt, ayant Ste-Marie-aux-Chênes à l'ouest.

Les tentes sont au convoi, mais où est-il ? Nous couchons à la belle étoile.

(1) Il y a dix ans, je rendais visite à un malade dans un pauvre village du J... Sur l'unique table de la chaumière se trouvait un almanach. Je le feuilletais machinalement quand mes yeux s'arrêtèrent sur ces mots : « *Mort héroïque du lieutenant L... de V...* »

J'ai appris que la famille de V..., sous les auspices de l'impératrice Augusta, avait fait pratiquer de nombreuses fouilles sur le champ de bataille de Gravelotte, pour rechercher les restes du jeune héros. Elles sont restées infructueuses.

IV — SAINT-PRIVAT

Une Ambulance

18 AOUT

A peine éveillé, je fais remarquer qu'il est prudent de prendre notre repas de bonne heure, afin d'être prêts à tout événement.

Dès huit heures nous entendons le canon et les mitrailleuses dans la direction de Gravelotte et de Rezonville.

Soudain, à midi, le canon prussien tonne à quatre kilomètres de nous.

« Encore une bataille! Deux jours de suite!
« C'est très-bien! » s'écrie le commandant en bouclant son ceinturon.

Cette fois M. N... ne demande pas les ordres du colonel.

Nous nous dirigeons directement sur le village. Nous rencontrons un général qui rassure les soldats. Courage! mes amis, leur dit-il, courage! il nous arrive 100,000 hommes.

Saint-Privat se termine à l'Est par une rue unique. Une ambulance est installée dans la dernière maison, côté Sud.

Le propriétaire a disparu, mais l'ameublement indique qu'il jouit d'une certaine aisance. Quatre pièces au rez-de-chaussée, quatre pièces au 1er, une grange, une écurie et un fenil.

Derrière est un jardin enclos d'un mur; on y descend par huit à dix marches d'escalier.

Le chef de l'ambulance est le docteur P..., mon compatriote. Il me fait un chaleureux accueil.

Le chloroforme commence à manquer. Je donne les deux flacons de mes cantines d'ambulance.

A quatre heures et demie tout se tait. Nous croyons la bataille gagnée. (1)

A cinq heures, le feu recommence, mais plus terrible du côté de l'ennemi. (2)

A sept heures, les bruits de la bataille se rapprochent de nous. C'est un feu roulant de chassepots. Nos hommes reculent, mais en combattant (3).

A ce moment arrive mon ordonnance. « M. N... part avec le régiment, me dit-il; il vous fait dire de le suivre. »

(1) C'était le moment où la garde prussienne venait d'échouer dans son attaque sur Saint-Privat.

C'était aussi le moment où les munitions manquaient au 6e corps pour l'artillerie et pour l'infanterie. Et pourtant le maréchal Canrobert en avait demandé dès la veille, et le jour même il avait à différentes reprises poussé un cri d'alarme.

Bazaine s'était contenté de lui envoyer deux batteries.

Que faisait Bourbaki?

La garde était sur le plateau de Plappeville, frémissante, avec 90 pièces de canon, attendant des ordres.

Que faisait Bazaine?

Il ne paraissait pas de toute la journée sur le champ de bataille.

Saint-Privat aurait été une victoire française, les Allemands le reconnaissent eux-mêmes, si la garde eût été utilisée en temps opportun.

(2) Trois corps d'armée s'élevant ensemble à 90,000 hommes, munis de 280 bouches à feu s'étaient réunis pour écraser le 6e corps qui, lui, ne disposait que de 26,000 hommes et de 70 pièces mal approvisionnées.

(3) L'armée saxonne venait d'achever son mouvement tournant.

Au coup de tonnerre qui éclate sur sa tête, etc.

Page 53.

Je sors de l'ambulance et n'aperçois plus mon chef.

A quoi me décider ? Je suis du reste occupé à faire une amputation. Réflexion faite, je reste à l'ambulance. Un médecin fait-il mieux de suivre son régiment où il n'y a que des hommes valides, que de demeurer aux ambulances qui regorgent de blessés ? Question à résoudre.

Tout à-coup sur la colline qui borne l'horizon à l'Est, s'ouvre un formidable feu d'artillerie (1).

Les projectiles des deux armées passent sur l'ambulance.

Dix médecins, six intendants, vingt blessés se trouvent dans une des pièces qui ont vue sur la route de Verdun. Une unique fenêtre permet de voir ce qui se passe au dehors. Les vitres vibrent à chaque détonation, et ce bruit strident ajoute à l'horreur de la scène.

Des obus éclatent dans le jardin, font crouler des pans de mur. L'instinct de la conservation nous suggère une idée : Nous nous couchons pour donner moins de prise aux projectiles qui pourraient pénétrer par la fenêtre.

Au même instant un obus éclate sur le toit, met en pièce l'escalier qui fait communiquer les deux étages et blesse quelques hommes.

Les blessés fuient, mais rentrent bien vite. On se bat dans la rue.

Le médecin en chef est au milieu de la pièce occupé à enlever la jambe d'un pauvre diable. Au coup de tonnerre qui éclate sur sa tête, il s'arrête un instant promène froidement son regard sur les assistants et continue son opération.

Impavidum ferient ruinæ

(1) C'étaient les réserves de Canrobert; une division d'artillerie de la garde et la réserve d'artillerie du 4e corps.

Au feu ! Au feu !...

Il n'en est heureusement rien. — Quelques soldats armés, dont la compagnie vient d'être repoussée après 7 heures d'une résistance désespérée, pénètrent dans l'ambulance.

« Retirez-vous, mes amis, retirez-vous, leur « crie notre aumônier, vous allez faire massa- « crer les blessés. »

La lutte se rapproche de plus en plus de nous. Les canons prussiens sont à quelques pas de l'ambulance.

Sommes-nous décidément vaincus ? Nos régiments qui reculent ne retourneront-ils pas à la charge ? Tous nous nous posons ces questions sans pouvoir y répondre. La partie qui se joue est décisive. Si nous sommes battus, c'est Metz bloqué.

Se tenir debout est bien dangereux, n'importe, je me lève et jette un regard par la fenêtre sur le champ de bataille.

Quel spectacle s'offre à mes yeux !

A droite le village en feu. Des vieillards sortent des caves, des maisons incendiées. Ils ne fuient pas : où iraient-ils ? N'ont-il pas tout perdu ? N'ont-ils pas fait le sacrifice de leur vie ?

Sous mes yeux, dans le jardin, des officiers luttent le pistolet au poing, et ne reculent qu'en tournant le visage à l'ennemi. Ce sont : Du C... B..., etc.

A gauche, dans la plaine, les Français se retirent au pas. On les dirait à l'exercice. Qu'il est beau le balancement cadencé de tous ces régiments dans des circonstances aussi terribles ! Un soleil couchant éclaire la scène. Quel tableau !

Canrobert bat en retraite le dernier de tous.

Plus à gauche encore, sur la colline, brillent mille éclairs qui foudroient l'ennemi.

L'aumônier de l'ambulance, M. Pr... lui aussi, a voulu voir ; il est debout depuis quelques instants.

« La voilà donc cette belle armée française! s'écrie-t-il, *Finis Galliæ* !

La nuit arrive; l'ouragan diminue d'intensité. Encore quelques éclairs sur la colline, et tout est fini.

Nos transes ont duré une heure et demie.

« Les voilà! les voilà! » s'écrient quelques soldats se réfugiant dans l'ambulance.

« Jetez vos fusils, malheureux! vous êtes dans une ambulance. »

« Des brassards? Des brassards? » Les médecins demandent des brassards.

« Des brassards! Nous n'en n'avons pas, » répondent les intendants présents (1).

Un blessé a une idée sublime. « Que chaque médecin, dit-il, enroule une bande autour de son bras gauche, qu'il trempe son doigt dans ma blessure et avec mon sang fasse une croix. Que les infirmiers imitent les médecins. »

Mais déjà les crosses de fusil résonnent sur le pavé de la rue ; les vainqueurs entrent dans l'ambulance. Ils se contentent d'emmener les hommes valides et donnent à boire aux blessés (2).

Après l'orage un peu d'accalmie. Nous promenons nos regards sur la théâtre du combat.

(1) On ne s'était guère préoccupé en France de la convention de Genève.

(2) Ils ne se conduisirent pas aussi bien sur le champ de bataille. Trois officiers de mon régiment m'apprirent plus tard que des soldats prussiens les dépouillèrent de leur argent au moment où ils les firent prisonniers.

Au loin, sur la route de Verdun, des soldats prussiens vont au pas de course s'installer sur la colline d'où tout à l'heure la réserve d'artillerie de Canrobert les criblait d'obus.

« Quels hommes ! Quelle armée ! » s'écrie l'intendant en chef, la tristesse dans l'âme.

Cet éloge à l'adresse du vainqueur me fait mal. « Tout vaincus que nous sommes, dis-je à l'intendant, le soldat français vaut bien le soldat prussien. »

Mais un régiment se masse devant l'ambulance. Son colonel le dispose en rond et se place au milieu.

« Que vont faire ces hommes ? » Nous ne tardons pas à l'apprendre. A un signal donné, ils poussent trois hourras formidables ; ils célèbrent leur victoire.

Pour nous français, ce sont trois coups de poignards dans le cœur.

Le chef prussien m'aperçoit ; il me fait signe d'aller à lui.

« Monsieur, je meurs de soif, me dit-il. Un verre d'eau, s'il vous plaît. »

Mon ordonnance l'a entendu et bien vite le vieux soldat se désaltère.

« Les Français se sont bien battus, Monsieur ; il a fallu lutter longtemps pour enlever la position, » et il ajoute : « Je ne connais pas de peuple plus aimable que le peuple français, mais aussi je ne connais pas de voisin aussi désagréable. Ah ! la guerre est terrible ; j'ai perdu mon frère à la bataille du 16. »

La nuit arrive et permet de mieux voir la lueur des incendies.

Encore une demi-heure d'un vacarme infernal. Les Prussiens pillent le peu de maisons que l'incendie a épargnées. Ils chassent devant eux des troupeaux de bétail. Les porcs font acte de rébellion ; les vainqueurs les traînent par les oreilles. Quels cris assourdissants !

Chez nous prisonniers, plus que les gémissements des blessés et le désespoir d'être vaincus !

Les médecins, qui sont pour un instant sortis de l'ambulance, retournent aux blessés.

Vers minuit, accablés de fatigue, nous prenons un peu de repos. Nous n'avons que la rue pour chambre à coucher et un peu de paille pour lit.

Là dejà se trouvent les intendants, les officiers d'administration et de nombreux blessés.

La maison située en face de nous a été incendiée ; des bouffées de chaleur nous arrivent au visage, et à la lueur des poutres encore enflammées nous apercevons dans la rue de vagues entassements de cadavres.

Je suis à la gauche du général Pl... Il a la tête coiffée d'un bonnet de police ; son képi est resté sur le champ de bataille. A sa droite est étendu un artilleur ; ils reposent sous la même couverture, mais l'artilleur la tire fortement à lui et se fait la part du lion. Le général proteste sans faire connaître son grade. Tout finit par s'arranger à l'amiable.

19 AOUT

A l'aube, pendant que mes camarades s'occupent des blessés, je vais, de compagnie avec les docteurs Fr... et Ser..., visiter le champ de bataille.

Les rues du village sont remplies de cadavres. Nous remarquons un chef de bataillon du 70ᵉ et un capitaine du 9ᵉ bataillon de chasseurs à pied, D... Le premier a reçu un obus en pleine poitrine, le second a la tête fracassée ; c'est l'ami intime du docteur Ser...

A cent mètres du village nous apercevons un petit groupe de cadavres : des soldats du 101e et au milieu d'eux un sous-lieutenant. Je reconnais avec stupeur Sag..., un de mes camarades. Il a la poitrine trouée de dix balles. Une émotion indicible me gagne.

Sur le glacis, qui de St-Privat descend à Ste-Marie-aux-Chênes, sont de nombreuses masses sombres. Nous nous approchons et nous reconnaissons l'uniforme prussien (1).

Déjà l'ennemi a disposé les cadavres français sur plusieurs rangs. Nous saluons ces nobles morts. Les uns ont été horriblement mutilés par des éclats d'obus ; plaies larges, béantes, à bords déchiquetés. Les autres ont été frappés par des balles ; des trous imperceptibles et quelques gouttes de sang.

« Si je devais être tué, s'écrie le docteur Fr... je préfèrerais la balle ; elle tue plus *proprement.*

Quelle expression sur tous ces visages ! Le docteur Fr..., homme à imagination vive, y lit tantôt la haine, tantôt la colère. Il s'arrête un instant devant un jeune caporal ; il scrute son dernier regard. Ses yeux fixes et tournés vers la paupière supérieure semblent contempler je ne sais quelle vision dans l'espace, et gardent encore dans la mort une dernière expression d'affection et de tendresse.

« Avant d'expirer, nous dit-il, ce jeune homme a dû songer au foyer, à sa mère, à sa fiancée peut-être ; » et donnant libre cours à ses souvenirs virgiliens :

Dulces moriens reminiscitur Argos.

(1) C'est là que la garde prussienne avait combattu ; c'est là qu'elle avait trouvé son tombeau. (Lettre du roi Guillaume à la reine Augusta).

« Allons! Allons! lui disons-nous, il faut être insensé pour faire de la poésie devant ces milliers de cadavres; partons ! »

Emus jusqu'aux larmes nous disons un dernier adieu à nos compatriotes et nous revenons à l'ambulance.

Nous rencontrons des soldats fossoyeurs. « Encore quelques heures, dit le docteur Ser..., et la terre aura caché les horreurs du champ de bataille. »

Nous touchons au village. Du pied d'une muraille derrière laquelle s'abritait hier un bataillon du 101e partent des gémissements. Trois de nos pauvres soldats gisent là à demi-morts. Ils ont les jambes horriblement fracassées. On les a oubliés sur le champ de bataille.

En nous apercevant un éclair d'espoir brille dans leurs yeux. Ils reconnaissent l'uniforme français, ils me reconnaissent.

« A boire! A boire! » soupirent-ils d'une voix mourante.

Nous nous hâtons de rentrer à l'ambulance pour envoyer du secours à ces malheureux.

Entre le village et nous défile une nombreuse troupe. Le temps presse, nous tentons de rompre les rangs.

« On ne passe pas, Monsieur, » nous crie une voix rude.

C'est un colonel prussien. Nous avançons quand même.

« On ne passe pas! vous dis-je. »

Le docteur Fr..., tête exaltée, homme loquace par excellence, explique notre présence en ces lieux, mais avec une telle volubilité que l'allemand ne le comprend pas.

« Nous appartenons, Monsieur, à une des ambulances installées au village. Nous sommes venus dans la plaine à la recherche des blessés.

Il y en a trois à quelques pas d'ici qui ont passé la nuit sur le champ de bataille. »

« Pas tant de *mots*, Monsieur, pas tant de *mots*, réplique le Prussien, » et après avoir réfléchi une seconde : « Passez, mais n'y revenez pas. »

A l'ambulance tout est préparé pour les opérations.

Nous sommes quinze médecins ; quatre seulement opèreront ; les autres feront les pansements.

Le médecin en chef me désigne pour pratiquer la première amputation.

Un artilleur est sur la table d'opération. Il a la jambe gauche horriblement broyée par un éclat d'obus.

— « D'où êtes-vous, mon ami ? »

— « De P... »

— « Eh bien ! nous sommes compatriotes » Il désespérait tout à l'heure, maintenant il espère,

Je le sature de chloroforme, et tout se passe sans qu'il ressente la moindre douleur. En se réveillant il me dit : « Monsieur le major, puisque nous sommes *pays*, vous ne m'oublierez pas ; vous aurez la bonté de me procurer du vin et du café. » (1)

On apporte un deuxième blessé. Il a la cuisse fracassée par un éclat d'obus. Le médecin en chef procède à l'amputation.

« Si seulement nous étions vainqueurs, nous dit ce malheureux, je mourrais content ; et il

(1) Dix ans après je l'ai retrouvé dans son village. Je l'aime comme un médecin sait aimer tout homme qu'il a soigné dans des circonstances critiques. De son côté il me donne fréquemment des preuves de sa reconnaissance.

ajoute, que dirait ma pauvre mère si elle me voyait en cet état ! »

Il ne survit qu'une heure à l'opération.

Les blessés se succèdent jusqu'à midi. A ce moment on nous fait dire que le dîner est servi au milieu du jardin.

Les opérateurs sont couverts de sang. Intendants, pharmaciens, officiers d'administration ne parviennent pas à dissimuler leur dégoût ; ils reculent d'horreur.

« Le moyen de faire autrement, messieurs, disons-nous ; l'eau ne manque-t-elle pas, même pour laver les moignons de nos blessés ? (1) Nous est-il possible de changer de vêtements ? nos cantines ne sont-elles pas à Metz? »

« Messieurs, nous dit un intendant, nous n'avons à vous offrir que du pain et de l'eau sale à dose limitée. C'est réellement peu pour des gens qui travaillent depuis le matin. »

Tout-à-coup se présente à nous deux hommes de haute taille ; ils sont en soutane. Tous, nous nous lançons des regards d'intelligence ; tous nous flairons deux espions.

— « Pourriez-vous, nous demandent-ils, nous dire où est en ce moment le corps de de Failly ? »

« — Nous n'en savons rien » répondons-nous sèchement.

Ils nous quittent sans rien ajouter.

Après avoir fait tous nos efforts pour donner nos soins à tous, la fatigue triomphe.

La nuit arrive. Nous allons pouvoir nous reposer.

Avant tout, nous procédons au nettoyage complet de nos vêtements. Nos soldats armés de brosses enlèvent les plus gros caillots de sang.

(1) Les armées française et prussienne avaient mis à sec les puits de St-Privat.

Un brasier immense est au milieu du jardin. Nous faisons sècher sur notre corps tuniques et pantalons.

Pendant ce temps l'aumônier, les manches retroussées jusqu'au coude, pétrit de la farine avec du miel, et en fabrique des petits pains qu'il fait cuire sur les charbons ardents.

« Voilà votre souper, messieurs, nous dit-il. Vous le trouverez bon, j'espère. Malheureusement je n'ai pas le pouvoir de changer l'eau en vin. Comme à midi vous aurez un modeste verre d'eau. »

Assis autour du brasier, nous causons de nos malheurs. C'est la première fois depuis la bataille qu'il nous est donné de le faire.

« Qu'il est triste d'être mêlé à de pareils événements, disons-nous en chœur ! »

Seul, l'intendant B..., un vieillard, ne regrette pas de s'être trouvé à St-Privat; il ne désespère pas encore. « Dieu, dit-il, aura pitié de la France. »

« A propos, dis-je, en m'adressant au docteur N..., un vieux médecin, qui, à Gravelotte, était resté durant toute la bataille derrière une batterie : « Ne trouvez-vous pas qu'on a plus d'émotions dans une ambulance bombardée qu'en plein air ? »

« Certainement, me répondit-il. Vous devez du reste savoir à quoi vous en tenir par les journées des 16 et 18; » et il ajoute : « Il paraît que les Prussiens ne respectent guère la convention de Genève. Je viens d'apprendre que le médecin-major B... a eu la tête tranchée d'un coup de sabre à Rezonville. Il était cependant muni d'un brassard. »

Le sommeil nous gagne. Nous montons sur le fenil où en guise de matelas nous ne trouvons que de la paille.

L'intendant B... se met à genoux, fait un ample signe de croix et récite sa prière.

Deux blessés sont dans la grange; ils ne cessent de gémir. L'un, notre cuisinier au fort St-Ad..., a reçu une balle dans les reins. L'autre, un sous-officier corse, présente ce fait peut-être unique : une même balle a fait six ouvertures, deux pour chaque cuisse et deux pour le scrotum.

Je me lève et leur fais prendre un calmant. Ils finissent par s'endormir. Nous en faisons autant.

20 AOUT

Des cris aigus nous réveillent. Que se passe-t-il?

C'est une vieille femme, presque nue, que des soldats prussiens poussent devant eux à coups de crosse de fusil. Elle vient tomber sans connaissance au milieu de nos blessés. Pendant une heure elle râle... Elle meurt sans avoir pu prononcer une parole.

Quel est son crime? Les uns disent qu'elle a été surprise dépouillant les cadavres : elle recherchait surtout les bagues et coupait les doigts pour hâter sa sinistre besogne. Les autres affirment qu'elle a coupé le cou à un officier prussien pendant son sommeil. Cette dernière version se confirme dans la journée.

Il est six heures. Nous nous remettons aux opérations.

A midi, pas plus de luxe de table que la veille : du pain sec à volonté, arrosé d'un verre d'eau trouble.

Amère dérision! l'ennemi nous envoie des cigares.

Nous avons à peine fini notre repas, qu'un soldat prussien, l'ordonnance d'un général, se présente sur la porte. Il apporte triomphalement six bouteilles de vin.

— « N'avez-vous pas un général dans l'ambulance ? »

— « Oui, le général Pl... ».

— « Mon maître lui envoie deux bouteilles de vin ; les quatre autres sont pour les médecins et les intendants ».

— « Elles seront pour nos blessés, » s'écrie le docteur Pa..., le chirurgien en chef. Tous les médecins ont eu cette pensée. Bien des visages déjà épanouis s'assombrissent de nouveau ; les intendants, les pharmaciens, les officiers d'administration n'avaient pas songé aux blessés.

Mais on me tire par ma tunique. C'est mon soldat.

« Monsieur le major, venez avec moi, je vous prie, dans le fond du jardin ; j'ai quelque chose de très sérieux à vous communiquer ».

Parral est méridional ; il est riche en expédients. Où a-t-il trouvé le vin qu'il me verse à plein bord ? Je l'ignore. Il refuse absolument de livrer son secret.

« Rien pour nos blessés ? » lui dis-je.

« Rien, Monsieur le major ; le charme serait rompu ».

« Tous les jours à midi, ajoute-t-il, vous viendrez au signal donné ; j'aurai toujours du vin à votre disposition » (1).

(1) J'ai appris depuis qu'il avait su plaire à une cantinière prussienne. Bien qu'elle lui vendit sa marchandise à un prix très élevé, cela n'en était pas moins une faveur. Sous Metz je n'ai pas oublié d'indemniser mon cher Parral.

Quelques instants après, un colonel prussien vient visiter l'ambulance.

Je lie conversation avec lui.

Moi. — Avez-vous perdu beaucoup de monde à la bataille du 18?

Le colonel. — Oui, Monsieur, beaucoup. Vous pouvez faire la paix sans honte ; vous vous êtes bien battus.

Moi. — Nous ne ferons la paix que victorieux. Si en ce moment nous sommes si bas, nous le devons à notre gouvernement, à nos ministres. Nous n'étions pas prêts.

Le colonel. — Vos ministres! ce sont des fripons, M. de Gramont principalement. Ah! Oui! l'Empire c'est la paix!

Moi. — Nous serons en République dans quelques jours; elle seule peut nous sauver.

Le colonel. — La République! Vous ne pourrez la conserver longtemps.

Moi. — Si nous traitions en ce moment, vous exigeriez Strasbourg, Metz.

Le colonel. — Strasbourg, oui; Metz, peut-être. Je vous répète que vos ministres sont des ambitieux.

Moi. — Et Bismark ne l'est-il pas un peu? Ne songe-t-il pas à la Hollande. (L'officier ne comprend pas ce mot; je dis *Néerland*, il comprend).

Le colonel. — Certainement non.

Moi. — En France nous ne le croyons pas si désintéressé que vous voulez le dire. De plus nous comprenons tous qu'en homme habile il a amené nos imbéciles de ministres à lui déclarer la guerre, tandis que lui mourait d'envie de la faire.

Le Prussien se retire en souriant, convaincu sans doute de la parfaite supériorité diplomatique des Allemands sur les Français.

Mais qu'entendons-nous ? Des airs d'Offenbach, à la porte de l'ambulance ! *La Grande Duchesse ! la Vie Parisienne* ! Pendant que nos blessés râlent, que nous-mêmes nous sommes brisés par des émotions de tous les instants !

L'ennemi s'inquiète bien de cela ! N'éprouve-t-il pas une âpre jouissance à torturer ses victimes?

« Monsieur le Major ! » C'est Parral qui m'appelle. J'accours, que se passe-t-il d'extraordinaire ? Le docteur Fr... est là qui s'agite comme un diable dans l'eau bénite. Les Prussiens viennent de lui voler ses deux chevaux et ses superbes couvertures.

« C'est vous, Monsieur, s'écrie-t-il, en m'apercevant, qui m'avez engagé à rester à St-Privat. Sans vous je serais à Metz avec mon régiment. »

La scène tourne au burlesque, et l'ambulance si triste jusqu'à ce moment se donne volontiers un instant de gaîté.

Mon ordonnance s'ingénie pour que je n'éprouve pas à mon tour le sort de mon confrère. Il loge mon cheval au fond de la grange en me disant : « Remplissez la grange de blessés ; le cheval ne pourra en sortir qu'en leur passant sur le ventre ».

Sur la fin de la journée je sors un moment de l'ambulance, et je respire avec délices l'air frais du jardin lorsque par-dessus le mur qui est peu élevé j'aperçois deux soldats allemands. L'un d'eux tient une feuille de papier et un crayon. Il me fait comprendre par signes qu'il désirerait connaître le nom du village.

« Allons ! me dis-je, voilà un *lascar* qui veut apprendre à sa famille le nom d'une victoire prussienne. »

« Donnez votre papier, lui dis-je. » Mais l'Allemand tient à me voir écrire sur mes genoux ;

Mais l'Allemand tient à me voir écrire sur mes genoux, etc.

Page 66.

pour cela il cherche à se hausser; il essaie en vain de se cramponner au mur; tout-à-coup, sans trop d'efforts, il parvient à garder l'équilibre.

Le papier rendu, je veux savoir à quel moyen il a eu recours pour quitter le sol.

O profanation! j'aperçois le long de la muraille le cadavre d'un pauvre fantassin français.

« Schwein! Schwein! » crié-je au lâche.

Il a honte de son action; il part sans se retourner.

Je reviens à l'ambulance la rage au cœur. Je ne puis me pardonner d'avoir eu sous mon crayon le nom d'une victoire allemande, pendant qu'un prussien faisait craquer sous ses talons de botte la poitrine d'un soldat français.

Le soir deux médecins allemands viennent s'asseoir à notre foyer. Ils ressemblent à deux honnêtes praticiens qui sans doute, il y a un mois, vivaient heureux au milieu de leur clientèle. Ils savent à peine le français; aussi la conversation tourne-t-elle à la pantomime. Nous recourons à la langue latine, mais quelle différence dans la prononciation! Ils se renseignent sur le grade de chacun de nous, demandent le nom des décorations qu'ils aperçoivent. A la fin nous nous comprenons assez pour maudire et les guerres et ceux qui les déclarent.

« Si ces médecins étaient venus dans notre ambulance pour espionner? » dit un de mes camarades.

Au mot d'espion il me souvient que dans les premiers jours de juillet un prussien suivait avec moi, à C...., le cours de M. Des..., et qu'il faisait partie de toutes nos excursions géologiques. Je me rappelle aussi qu'il ne tarissait pas de questions sur la mobile.

Je raconte le fait à mes comarades. Tous voient en ce personnage un espion.

21 ET 22 AOUT

A partir du 22, nous n'opérons plus : nous pansons nos amputés.

Un peu moins de frugalité dans nos repas. Les Prussiens nous envoient du bœuf.

Le vin continue à manquer et les cigares à abonder.

Chaque soir même lavage à la brosse de nos tuniques ; même séchage autour du foyer ardent ; même coucher dur sur la paille.

Les plaies deviennent douloureuses. Il n'est plus possible de passer entre les rangées de blessés qu'en prenant les plus grandes précautions ; le plus petit choc peut arracher un cri de douleur.

Un de nos malades souffre horriblement.

« — Pourquoi ne l'endormez-vous pas pour toujours » me disent ses voisins, puisqu'il ne doit pas guérir ? — « Mes amis, ce que vous conseillez là est bien mal. Le médecin qui se comporterait ainsi serait un grand criminel. »

Je le dis à l'honneur de ma nation : les blessés français supportent en général sans sourciller les opérations et la souffrance ; ils sont stoïques.

Presque toujours les blessés allemands poussent des cris de paon.

23 AOUT

Les intendants sont de mauvaise humeur. Depuis que nous sommes prisonniers à St-Privat, les Prussiens n'ont pas l'air de se douter de leur présence. Ont-ils une communication à faire à l'ambulance, ils s'adressent au médecin en chef. Cette manière d'agir ne laisse pas que de nous paraître, à nous Français, tout-à-fait insolite. Aussi les intendants de dire : « Dans nos relations avec l'ennemi, quand nous voudrons avoir gain de cause, nous lui enverrons un médecin en parlementaire. » (1)

Dans la soirée, pour me remettre un peu des fatigues et des émotions de la journée, je sors de l'ambulance.

Je me dirige vers l'autre extrémité du village. Parral m'accompagne.

Nous pénétrons dans les granges, dans les écuries.

« Monsieur le Major, s'écrie tout-à-coup Par-
« ral, quelque chose remue dans ce coin. »

Je m'approche, et dans l'obscurité je distingue une masse informe gisant sur un tas de paille.

On m'apporte une chandelle ; à sa lueur je reconnais un blessé.

« Vite deux hommes ! soulevez-le. »

Je m'approche davantage. Un courant d'air éteint ma lumière.

Je m'approche de nouveau. Un courant d'air l'éteint encore.

« Ce blessé doit avoir la poitrine trouée, dis-
« je à mes aides, car je n'ai pas approché la
« chandelle de sa bouche. »

Un képi à trois galons nous apprend que nous avons à faire à un capitaine. Une balle lui a traversé la poitrine de part en part.

« De grâce, messieurs, nous dit-il, un coup
« de couteau dans ma tunique. J'étouffe. »

Une enflure énorme a envahi tout son corps. L'air en sortant par ses blessures s'est aussi

(1) En 1870, les médecins militaires n'étaient considérés que comme *l'accessoire indispensable* des hôpitaux et des ambulances. Depuis quelques années la médecine militaire a conquis son autonomie.

5.

insinué sous les téguments. Sa face est affreusement tuméfiée. Ses paupières forment deux épais bourrelets, et ne peuvent s'ouvrir.

« A quel régiment appartenez-vous, capi-
« taine? »

« Vous ne me reconnaissez donc pas? Je vous
« reconnais, moi, au timbre de votre voix. »

« Dites-moi vite qui vous êtes? »

« Je suis le capitaine Em... »

Em...! un officier de mon régiment, un ami!...

Déjà il respire mieux, mais l'air qui sort par ses plaies exhale une odeur de gangrène.

« Pourquoi, lui dis-je, vous a-t-on ainsi aban-
« donné au fond d'une écurie ? Les ambulances
« installées dans cette partie du village n'ont
« donc pas recueilli les blessés ? »

« Je ne sais rien, me répond-il; de temps en
« temps un soldat m'apporte à boire; ce sont là
« tous les soins que je reçois. »

« Courez aux ambulances, dis-je à Parral et
« aux soldats présents; voyez si l'on peut y disposer d'une place. »

Au bout de quelques minutes, on me répond : rien, rien. »

« Après tout, fais-je remarquer à mon ami,
« cet isolement est pour vous une bonne for-
« tune. Dans une ambulance, vous n'auriez
« pour lit que de la paille ; vous y entendriez les
« gémissements des blessés, et vous y respire-
« riez un air chargé de miasmes. »

Après l'avoir recommandé aux infirmiers, je m'éloigne tristement.

24 AOUT

Le 24, dans la soirée, le chef de l'ambulance me fait appeler.

« Puisque vous avez su conserver votre che-
« val, me dit-il, je pense vous faire plaisir en
« vous désignant pour accompagner à Metz, un
« convoi de trois cents blessés. »

J'accepte avec empressement. Ne vais-je pas revoir mon régiment !

« — Pour quel motif ces blessés sont-ils diri-
« gés sur Metz ? » dis-je au médecin en chef.

— « Ne voyez-vous pas, me répond-il, que les
« Prussiens ont un but, celui d'empoisonner la
« ville. Ne vous attardez pas. Hâtez-vous. Le
« convoi est sur le point de partir ; il se trouve
« à l'autre extrémité du village. »

Il est dix heures. La nuit est sombre ; il pleut.

Les blessés ont été chargés sur trente voitures.

Et le capitaine Em... ? l'abandonnerai-je ? Je cours à son écurie.

— « Capitaine, lui dis-je, voulez-vous être conduit à Metz ? »

« — De grand cœur, docteur. »

Je le fais soutenir par deux hommes, mais ses forces l'abandonnent, il ne peut se tenir debout.

« Laissez ce malade à St-Privat, disent les officiers prussiens présents ; il ne pourrait supporter le transport. »

Ils ont raison, et je suis heureux qu'ils me tirent de l'embarras où je me trouve. Si de mon chef j'abandonnais mon camarade, il penserait certainement qu'il est perdu.

— « Capitaine, je pars. Demain je reviendrai et vous emmenerai. »

C'est un mensonge bien excusable !

Pendant que je serre la main à mon malheureux ami, que je renouvelle mes recommandations d'hier aux infirmiers, le convoi s'ébranle et déjà les voitures roulent bien loin dans l'obscurité.

Un convoi de blessés lancé au grand trot ! Quelle férocité de la part du vainqueur !

« Parral, vite ! prenez mon cheval par la bride, courez ! »

Des jurons prussiens arrivent à nos oreilles : Schwein ! Schwein !

« Ce n'est pas pour nous, Parral, n'entendez-vous pas le roulement d'une voiture qui s'est attardée ! Son conducteur se fait tancer vertement. »

— « Courez, Parral ! »

— « Je ne distingue pas la route, Monsieur le major. »

— « Courez quand même. Si on nous trouve ici on nous prendra pour des fuyards, on nous sabrera. »

Nous n'entendons plus rien, mon Parral court toujours, il sait qu'il y va de sa vie.

Enfin nous arrivons à une rampe. Les voitures avancent sans bruit. C'est pour ce motif que tout à l'heure nous ne les entendions plus.

Mon pauvre Parral est à bout de forces. Je descends de cheval et le charge sur la dernière voiture.

Arrivé au sommet de la colline, le convoi reprend sa première allure.

Nous traversons un village, Saulny, je suppose, car je ne sais pas précisément quelle route nous suivons.

Plusieurs fois je suis arrêté par des factionnaires. Peuvent-ils savoir si je suis médecin ? A la lueur des torches, ils ne distinguent que vaguement mon uniforme. N'ignorent-ils pas qu'ils ont devant eux des voitures remplies de blessés ?

Personne pour nous protéger !

Un officier est à la tête du convoi, sans doute ; mais la distance qui nous sépare est grande.

Un dernier factionnaire, sans pousser le *wer-da*, s'élance sur moi le fusil en avant.

De toute la force de mes poumons je crie : *Ich bin ein franzosicher Artz*. Il me laisse passer.

V — METZ

Sortie du 26 août — Bataille de Servigny

25 AOUT

Le convoi s'arrête. Sur l'ordre de l'officier qui le commande, vingt clairons font à quelques pas de nous un vacarme infernal ; les Prussiens invitent les Français à venir aux avant-postes.

Pas un clairon ne répond dans le camp français. Les blessés gémissent ; ils trouvent l'attente bien longue.

L'officier perd patience ; il s'approche de moi.

« — Monsieur, me dit-il, voilà une heure que nous appelons en vain les Français ; vous avez un cheval, allez donc à Metz. Dites qu'il faut se hâter d'introduire ces trois cents blessés dans la place. »

« — Très volontiers, où me diriger, Monsieur ? »

« Suivez cette route, vous ne pouvez vous tromper. »

« Allons, Parral, conduisez mon cheval. »

Me voilà en parlementaire. A peine ai-je fait quelques centaines de mètres que mon cheval se cabre, bondit. Mes transes sont grandes. Tout ce bruit ne va-t-il pas donner l'éveil au camp français ?

Que faire ?

Je crie à différentes reprises : « France ! Ami ! » et sans que je lui commande, Parral répète : « France ! Ami ! »

Que s'est-il passé ?

Nous sommes tombés dans un piège. Un fil de fer fixé à deux petits arbres est placé en travers de la route. Sous l'effort du cheval, les deux arbustes se sont abattus sur lui.

Tout-à-coup, j'entends des voix dans le camp français.

« Ne tirez pas, ne tirez pas ! »

Le jour commence à luire ; j'aperçois plus de vingt fusils braqués sur nous.

En un instant, je suis entouré par des officiers de chasseurs à pied. A mon accent, à mon uniforme, ils reconnaissent vite en moi un Français, un ami.

« Je vous fais des compliments, me dit un capitaine, pour les précautions que vous avez prises en abordant le camp ; sans cela vous étiez perdu. J'ai eu beaucoup de peine à retenir mes hommes. »

Les émotions ont des bornes. Parral se trouve mal : la fatigue du départ, l'aventure du fil de fer, les canons de fusil braqués sur nous, c'en est trop. On le réconforte sous une tente.

Je fais part de ma mission au commandant du bataillon.

« Je ne puis rien prendre sur moi, me dit-il, mais je vais immédiatement envoyer un cavalier auprès du maréchal Bazaine. »

Au bout d'une heure arrive la réponse : « Les blessés attendront encore trois heures. La route est coupée sur plusieurs points et il faut la rendre praticable. Les cavaliers et les conducteurs prussiens seront remplacés par des cavaliers et des conducteurs français. Lorsque les blessés auront été déposés dans les ambulances de Metz, les voitures seront ramenées aux avant-postes. »

Je me hâte de rejoindre les blessés. Le convoi se met en marche à six heures. Un officier prussien m'accompagne. Dans quel but ? Je l'ignore.

A sept heures, nous arrivons aux portes de la ville. Le médecin en chef de l'armée, M. Cuveillier est là pour nous recevoir.

« — Comment ! s'écrie-t-il, en m'apercevant, vous avez oublié de faire bander les yeux à cet officier prussien !

« — Monsieur, lui dis-je, le convoi est accompagné par un officier d'état-major français, et dans un détachement, n'y eût-il qu'un caporal, le médecin n'a rien à dire.

« — Vous avez raison, me répond-il ; quoi qu'il en soit, venez avec moi chez le maréchal Bazaine. »

Le maréchal est logé au Ban St-Martin. Son cabinet de travail se trouve à un rez-de-chaussée.

Assis devant une table, il a sous les yeux une carte d'état-major.

Une taille un peu bien épaisse, pincée dans un spencer de chasseur à cheval ; des cheveux coupés ras, où le blanc l'emporte sur le noir ; des joues rubicondes ; une pointe d'obésité ; des yeux comme on en rencontre partout ; un air de santé, voilà ce qui me frappe tout d'abord chez le maréchal, et je me dis *in petto :* notre général en chef digérant bien doit être aimable.

Il m'accueille en effet avec une affabilité et un laisser-aller qui me touchent.

« Votre officier prussien sera gardé quelque temps à Metz, me dit-il. »

Et après quelques secondes de silence :

« — Avez-vous vu beaucoup de troupes à St-Privat ?

« — J'ai, en effet, vu beaucoup de troupes, Monsieur le maréchal, mais je ne puis en dire l'effectif même approximatif.

« — Fritz est en ce moment à Verdun, ajoute-t-il en promenant le doigt sur sa carte. » (1)

Au moment où je vais quitter le maréchal, le général J..., qui est en face de lui, me toise d'une façon hautaine. Ma tenue laisse tant à désirer après une nuit de fatigues ! De la boue jusqu'aux oreilles !

Je remercie M. Cuveillier de m'avoir fourni l'occasion de parler au général en chef. Je lui fais toutefois remarquer que le général J.., n'est pas aussi galant homme que son maître.

Je suis à peine dans la rue qu'un lieutenant d'état-major m'aborde. Je l'ai beaucoup connu au camp de Sathonay en 186 .. Il porte un des plus beaux noms de France.

« Allons, docteur, me dit-il, venez vous reposer un instant, vous devez être exténué.

« — Où est mon régiment, lieutenant?

« — A un kilomètre d'ici, devant les Ponts. »

J'y cours.

Quelle réception ! Quelle ovation me font les officiers ! M. N... ne me reproche pas de l'avoir abandonné à St-Privat.

(1) Nous sommes le 25 août au matin. Comment expliquer que Bazaine dans ses dépositions ait déclaré ne pas avoir connu les mouvements de troupes effectués avant Sedan, puisqu'il savait que le prince royal était à Verdun le 25 août ?

Devant les Ponts.

Le commandant A... et le capitaine M... m'accablent de questions.

Je leur apprends que le capitaine Em... est dangereusement blessé, qu'il a peu de chances de survivre à son horrible blessure. (1)

« Quel malheur ! » s'écrient-ils. Les officiers du régiment se pressent autour de moi ; ils veulent savoir ce que sont devenus leurs camarades disparus.

« Et le lieutenant Sag..., me demande l'un d'eux ? l'avez-vous vu à St-Privat ?

« — Oui. Le 19, en explorant le champ de bataille, je l'ai trouvé parmi les morts.

« — Peut-être ignorez-vous, docteur, qu'au moment de la retraite, il s'est rué sur l'ennemi avec une poignée de braves, ne voulant pas survivre à la défaite. » (2)

De mon côté, je m'enquiers des pertes qu'a faites le régiment aux journées des 16 et 18.

43 officiers, 1,600 hommes, tant tués que blessés, me répond-on.

A partir de ce moment, je prendrai mes repas avec le commandant A... et le capitaine M... Le capitaine-adjudant major B... et le lieutenant M... se joindront à nous plus tard. En ce moment ils sont à l'ambulance.

Pendant mon séjour à St-Privat, le soldat du commandant A... s'est approprié mes couvertures. Il me les rend d'assez bonne grâce.

(1) Voir Saint-Privat, une ambulance.

(2) Lire l'exploration du champ de bataille de Saint-Privat, par l'auteur, le lendemain du combat.

26 Aout (1)

Qui me réveille en sursaut ? C'est le planton du colonel. « Le départ à cinq heures, Monsieur le Major. » Je lis quatre heures à ma montre.

Bientôt un vague murmure arrive à mes oreilles ; C'est le régiment qui lève le camp. Le troupier est de bonne humeur ; j'entends ses bons mots, ses éclats de rire.

— « Il y aura du *tabac* aujourd'hui, dit le commandant A... ! »

— « Espérons- le, mon commandant, répond le capitaine M.... Je ne sais réellement pas ce que nous f.. ici depuis huit jours ! Que doivent penser les Prussiens de notre inaction ? »

Quelques minutes avant le départ, le lieutenant X... vient me serrer la main.

« Nous allons enfin faire de la bonne besogne, me dit-il ; nous allons réparer les fautes commises les 16 et 18 août ».

Les habitants de Metz sont dans la joie ; ils sentent qu'une armée de 150.000 hommes rendra plus de services en combattant qu'en restant sous la protection des forts.

A midi nous arrivons vers la ferme de Châtillon, à quelques centaines de mètres du fort St-Julien.

(1) Dans le cours de ce récit le lecteur verra souvent le même bruit rapporté de plusieurs manières ; de là une foule de contradictions et de répétitions qui pourraient choquer les esprits amis de l'ordre et de la clarté.

Mais il faut se rappeler que nous étions bloqués, privés de toute communication avec le dehors ; que la moindre nouvelle était aussitôt *acceptée, expliquée, commentée, critiquée* de cent manières différentes, et qu'après avoir passé par toutes les bouches elle revenait tellement défigurée qu'il était impossible, même à son auteur, de la reconnaître.

« Vite déjeunons ! vite, cassons une croûte, dit le commandant A... Pour *trouer* il faut être lestés. »

La table est servie en plein air. Déjà le ciel se couvre de nuages, déjà il tombe quelques gouttes de pluie.

Devant nous, à quatre kilomètres, sur une crête dominant l'horizon, nous apercevons les Prussiens. Nos troupes se rangent en bataille, mais restent sous la protection du fort St-Julien.

Quelques soldats sont envoyés en tirailleurs.

« Ah ça ! s'écrie le capitaine M..., Bazaine espère-t-il *percer* avec quatre hommes et un caporal ? Est-ce ainsi que l'on se bat ! »

A une heure un orage éclate avec furie. Mon ambulance est installée sous l'immense hangar de la ferme. J'attends en vain les blessés : on ne se bat pas.

A sept heures, au moment où nous recevons l'ordre de reprendre les positions du matin, le général Becquet de Sonnay aborde mon médecin-major.

— « Eh bien ! docteur, que penser de tout cela ? »

— « Je n'y comprends rien, mon général ».

— « Croyez-moi, le maréchal se proposait sans doute de sortir par les routes de Thionville ou de Château-Salins. S'il a changé d'avis, je soupçonne que c'est par sagesse ».

Le vieux général garde un instant le silence et ajoute : « Je ne suis du reste pas dans le secret des dieux ».

Le régiment se masse derrière le hangar, le long de la route de Metz à ...

Les soldats qui, pendant toute la journée ont

été exposés à la pluie, ne font pas entendre une plainte. Ils sont là, debout, sac au dos. Les officiers montés sont à cheval.

Sous nos yeux défilent de nombreux régiments.

Durant trois heures c'est la cavalerie. Ces masses sombres, se mouvant dans l'obscurité, se distinguant à peine, passant tantôt au pas, tantôt au trot, se succédant sans cesse, donnent le vertige.

A dix heures c'est le tour de l'artillerie. A minuit un soupir de satisfaction s'échappe de toutes les poitrines. C'est le tour du régiment !

Cinq mortelles heures d'attente !!! cinq heures, pendant lesquelles les soldats ont grelotté sous leurs vêtements trempés !!! Aussi trêve de bons mots, trêve de gauloiseries. La tristesse envahit tout le monde.

Nous voilà enfin sur la grande route. Nous serons bientôt rendus à destination. Erreur profonde ! nous piétinons sur place dans un demi-pied de boue. Nous mettons six heures pour parcourir six kilomètres.

Le jour arrive. Nous dressons nos tentes où elles étaient la veille et nous nous mettons aussitôt à table n'ayant rien mangé depuis dix-huit heures.

27 AOUT

A peine la grosse faim est-elle apaisée que nous éprouvons le besoin d'échanger nos impressions.

« Par qui donc sommes nous commandés, s'écrie le capitaine M... ! Faire pivoter 150,000 hommes comme des marionnettes, sans but, sans résultats ! Pour le coup, mon ami Bazaine tu ne mérites pas des compliments ! »

— « Et vous, mon commandant, que pensez-vous du maréchal ? »

— « Pour moi docteur, j'ai une pleine confiance en lui. Je vais même jusqu'à espérer que la démonstration d'hier sera suivie de grands résultats. »

— « Allons! Allons! mon commandant, reprend le capitaine M... personne n'ignore que Bazaine est une affreuse canaille. Sa conduite au Mexique le prouve surabondamment. Vous verrez du reste, ajoute-t-il, comment l'histoire jugera la prise d'armes d'hier. »

— « Capitaine, je vous trouve un peu sévère pour notre général en chef. Pour moi c'est un roué qui a voulu donner le change à l'ennemi sur le point où se fera la vraie *trouée*. »

— « Puissiez-vous dire vrai, mon commandant! mais on ne m'ôtera pas de la cervelle que c'est la pluie qui a arrêté le mouvement. Comme s'il n'avait pas plu pour tout le monde! » (1)

Dans l'après-dînée je visite le camp. Les hommes, les bras retroussés font sécher leurs vêtements humides autour de vastes brasiers. Ils ont dû enlever une épaisse couche de boue pour parvenir à allumer tous ces feux. On ne voit partout que capotes, caleçons, guêtres, etc.

(1) Que s'était-il passé le 26, dans les hautes sphères ?

Bazaine, à cause de la pluie torrentielle tombée dans l'après dînée, avait jugé inexécutable dans de bonnes conditions tout mouvement offensif. Il avait réuni à la ferme de Grimont les commandants des corps d'armée et les chefs des armées spéciales et le conseil avait été d'avis que l'armée devait rester sous Metz.

Mais Bazaine savait par une dépêche du 23 août que Mac-Mahon venait à son secours et ses lieutenants ignoraient même l'existence de l'armée de Châlons.

La vérité est qu'il voulait se soustraire à la tutelle de l'Empereur en restant sous Metz, et ainsi attendre les événements. (Rapport du général Rivière).

Chaque soldat fait sa petite lessive, et rend à la boue du camp la boue rapportée de St-Julien.

Les fatigues de la veille sont oubliées et déjà les conversations s'engagent et s'animent.

J'aborde un sergent-major.

— « Eh bien ! major, que dit-on de l'équipée d'hier ? »

— « Ah ! Monsieur le docteur, nos hommes ne sont pas contents. Ils prétendent qu'ils sont mal commandés et que si on les avait bien utilisés le 16 et le 18, il ne serait plus question de Prussiens. Ils ne comprennent rien à la démonstration d'hier. Du reste, vous avouerez avec moi que la corvée a été trop dure pour n'aboutir à rien ».

A quelques pas de nous gesticule avec feu un brave troupier. « Si l'on veut à tout prix nous faire crever, s'écrie-t-il, il vaudrait encore mieux nous faire trouer la peau par des balles prussiennes, que de nous exposer à pourrir dans la boue des grands chemins ».

Le sergent-major me regarde; sourit et me quitte en disant : « Je suis un peu de l'avis du camarade. »

Le ciel qui vient d'avoir une éclaircie de deux heures se couvre d'épais nuages. Bientôt une pluie diluvienne inonde le camp. Nous sommes dans un véritable lac.

Le soir en faisant ma couverture ou plutôt en étalant ma peau de mouton sur un lit de sangle, mon ordonnance a peine à contenir sa joie.

— « Qu'avez-vous, Parral ? »

— « Monsieur le major, on dit dans ma compagnie que Mac-Mahon a remporté une grande victoire ».

28 AOUT

Il a plu toute la nuit.

« Pour le coup, heureux ceux qui ont des bottes », s'écrie le capitaine M..., le plus matinal de nous tous ! En certains endroits la boue atteint une épaisseur de vingt centimètres.

« Si encore cette satanée pluie faisait mine de s'arrêter, dit le commandant A...! » Et il ajoute: « Et pourtant nous devrions être en ce moment à Thionville. Ah ! Bazaine, qu'as-tu fait de nous ? »

Il est une heure; quand nous arrivent M. N... et le capitaine de R..., officier d'ordonnance de Canrobert.

— « Eh bien ! capitaine, que pensez-vous des évènements ? »

— « Rien de bon, docteur. Nous remportons des victoires et en fin de compte nous sommes battus. »

« Nous avons repoussé les Prussiens à Borny, ce qui ne les a pas empêchés d'atteindre leur but, qui était de retarder notre passage de la Moselle ».

« Nous les avons brillamment culbutés à Rezonville (Gravelotte), sans savoir poursuivre notre succès ».

« Notre aile droite a en effet reculé à St-Privat, mais vous savez pour quel motif ».

— « Oui, dit le capitaine M..., nous ne le connaissons que trop. Les munitions manquaient pour l'artillerie et l'infanterie.

— « A ce propos, reprend le capitaine de R... permettez-moi de vous faire une petite confidence :

« Pendant la retraite je me trouvais aux côtés

du maréchal Canrobert. Il ne cessait de grommeler, de prononcer des phrases entrecoupées : refuser de m'envoyer des munitions que je lui demandais depuis deux jours ! Canaille ! canaille ! Ne pas me faire secourir par la garde ! Canaille ! canaille ! »

— « Il est bien certain, dit le commandant A... qu'avec la garde et des munitions, Canrobert eût battu les Prussiens, malgré le mouvement tournant des Saxons par Roncourt ». Et Bourbaki ? Pourquoi est-il resté inactif, ajoute le commandant ? »

— « On n'est pas très content de lui dans la garde, répond le capitaine de R... ; bon nombre d'officiers blament sa conduite pendant la journée du 18 ».

— « Allons ! Allons ! Messieurs, ne critiquez pas le général Bourbaki sans connaissance de cause, s'écrie avec animation M. N... Je sors de chez lui à l'instant et je sais quelles ont été ses angoisses pendant la bataille.

« Que lui reproche-t-on ? de ne pas être allé au canon, d'avoir manqué d'initiative ? comme si l'artillerie n'avait pas fait rage sur Gravelotte et Amanvilliers aussi bien que sur St-Privat. Comme si Bazaine qui, comme vous le savez, n'a pas quitté le St-Quentin, n'eut pas dû lui donner des ordres. Je ne supporterai donc pas qu'on attaque le général Bourbaki en ma présence. Je le connais assez pour affirmer qu'il est intelligent, brave et patriote ».

— « Veuillez remarquer, docteur, répond M. de R... que je ne fais que rapporter certains bruits et que je ne suis pas éloigné de partager votre manière de voir sur Bourbaki ».

— « Quoi qu'il en soit, reprend le capitaine M.., nous sommes b... mal commandés, et Dieu veuille que tout cela finisse bien ! »

29 AOUT

Le temps est sombre ; les averses se succèdent à intervalles rapprochés. Je profite d'une accalmie pour me rendre à Metz. Il me tarde tant de voir les ambulances ! Je suis pourtant bien incapable de soigner les blessés ; mes mains sont couvertes d'ulcères contractés en pansant les amputés de St-Privat.

A l'ambulance de Saulcy je rencontre plusieurs de mes camarades du Val de Grâce. Les uns font des amputations ; les autres sont entourés de jeunes femmes ; ils les initient à la petite chirurgie.

— « Fichtre ! dis-je à mon ami A..., vous avez de bien belles élèves ! »

— « Oh ! me répond-il, elles s'en tirent fort bien, et sans elles je ne sais comment nous ferions. Sais-tu que nous avons à Metz plus de 20.000 blessés, et que ce sont ces femmes, les femmes de Metz, qui sauvent la situation ? Quel patriotisme ! Regarde, ajoute-t-il, les voilà à l'œuvre ! »

Et sous nos yeux, ces chirurgiens improvisés, les bras nus, portant fièrement le vulgaire tablier d'infirmière, courent d'un blessé à l'autre, pansent sans répugnance les plaies les plus repoussantes, et roulent les bandes avec la dextérité du praticien le plus habile.

Qu'elles sont belles ainsi parées ! qu'ils sont généreux les cœurs qui battent sous toutes ces bavettes blanches !

A quelques pas de nous une jeune fille se lamente ; elle pleure à chaudes larmes. Grande, d'une rare beauté, alle attire tous les regards.

« Elle vient de perdre son blessé, me dit A...

La pauvre enfant passe ici dix heures par jour. Elle est la fille d'un des notables de Metz ».

« Dans nos salles, continue mon camarade, tous les rangs sont confondus : la dame du grand monde coudoie la plus modeste bourgeoise, la plus simple ouvrière. Toutes font assaut de dévouement. Quel miracle ne fait pas le patriotisme !

Je ne quitte pas l'ambulance sans interroger quelques blessés.

« Ah ! Monsieur le major, me disent-ils tous, dans notre malheur nous sommes heureux d'être soignés par de si bonnes dames. Elles sont pour nous des mères, des sœurs. Elle savent si bien nous consoler ! »

« Et les friandises ! et le sucre ! et le chocolat ! s'écrie un amputé qui jusque là n'a rien dit, et les lectures qu'elles nous font tous les soirs ! »

J'arrive enthousiasmé au camp.

— « Qu'avez-vous donc vu à Metz, demandent mes commensaux ? »

— « Du sublime ! Messieurs ».

— « Je gage que ce sont des femmes, dit le commandant A... ».

— « Ce sont des femmes en effet, mon commandant ».

— « J'en étais sûr !

— « Et elles étaient occupées à une besogne que vous ne voudriez pas faire, vous qui n'avez pas peur des balles ».

— « Expliquez-vous, docteur ».

— « Sachez donc, mon commandant, que les trois quarts des blessés de Borny, de Gravelotte et de St-Privat sont pansés par les femmes et les jeunes filles de Metz. Si comme moi vous les aviez vues, comme moi, vous auriez été émerveillé ».

— « Racontez-nous cela, s'écrie avec feu le capitaine M... ».

Pendant le cours de mon récit, des larmes mouillent les paupières des deux braves.

— « Ce sont des romaines que les femmes de Metz, s'écrie à la fin le vieux capitaine ! voilà bien les femmes de l'Est ! et levant son verre : « Messieurs, buvons aux femmes de Metz ! ».

30 Aout

A neuf heures nous recevons l'ordre de nous tenir prêts à partir à midi.

A dix heures arrive le contre-ordre.

« Des ordres ! des contre-ordres ! maladresses sur maladresses ! s'écrie le capitaine M... », et il ajoute ; « Avoir songé à sortir en plein midi ! abomination de la désolation ! Les Prussiens n'auraient pas eu besoin d'être renseignés par leurs espions ! Des hauteurs où ils sont campés ils auraient pu suivre tous nos mouvements. Ma parole d'honneur ! ils sont incorrigibles à l'état-major général ».

« A propos d'espions, fait remarquer le commandant A..., je suis amplement édifié. Je sais par mon frère, colonel d'état-major, que la Prusse a de nombreux émissaires dans la place ».

« Il est donc probable, réplique le capitaine qu'à cette heure même, l'ennemi connait par eux nos projets de sortie ».

Je cours à Metz. Dans les rues, sur les places publiques, les officiers s'abordent pour commenter les ordres du matin. « Assurément, disent-ils, si nous ne sortons pas aujourd'hui, ce sera demain. » Tous sont heureux à la pensée qu'ils vont bientôt recommencer la lutte.

Le café Parisien regorge de consommateurs, et ce n'est qu'avec peine que je pénètre dans l'établissement. Là, je me trouve au milieu d'officiers, de Médecins militaires et d'habitants de Metz.

Ces derniers comptent sur Mac-Mahon ; pour eux il s'agit bien plutôt de la retraite prochaine des Prussiens que de nos échecs.

Quelques-uns d'entre eux prétendent que Douay aurait fait lever le siège de Strasbourg.

D'autres enfin vont jusqu'à affirmer que l'ennemi fait un mouvement de retraite.

Cette dernière nouvelle est accueillie par des sourires d'incrédulité.

« Je vous affirme, messieurs, dit un Messin, que ce bruit n'est pas invraisemblable. Les habitants des villages voisins répètent à qui veut les entendre que les Prussiens sont partis en ne laisant qu'un mince rideau de troupes (I).

Les conversations s'engagent sur les affaires des 14, 16 et 18 ; sur la sortie *ratée* du 26.

C'est un chassé-croisé de demandes, de réponses.

Pourquoi avoir accepté la bataille le 14 ? C'est une grosse faute. Le passage de la Moselle en a été retardé.

Pourquoi n'avoir utilisé qu'une route pour atteindre les plateau ?

On pouvait disposer de quatre routes.

Pourquoi ne pas avoir poursuivi le succès du 16, en jetant les Prussiens dans la Moselle ?

On aurait dû tenter le coup.

(I) Une partie de l'armée d'investissement avait en effet été envoyée à l'armée de la Meuse. Elle put ainsi prendre part à la bataille de Sedan.

Pourquoi avoir laissé la garde dans l'inaction le 18 ?

St-Privat eût été une brillante victoire.

Pourquoi ne pas être sorti le 26 malgré la pluie ?

Il pleuvait pour tout le monde.

Je constate que les évènements sont appréciés dans tous les corps d'armée comme dans mon régiment.

Un médecin principal qui, jusque-là, a tout entendu sans rien dire, rompt le silence à son tour.

« Hélas ! Messieurs, la situation est bien compromise. Je sais de source certaine que nous n'avons de munitions que pour un jour de bataille, et qu'une armée allemande marche sur Paris ».

« Quelle douche d'eau glacée vous nous administrez-là, docteur, s'écrient plusieurs officiers ! » (1).

Nous nous séparons, la tristesse dans l'âme, mais les courages ne sont pas abattus. Nous comptons sur de prochaines victoires.

Le commandant et le capitaine M... ne voient pas comment les Prussiens pourront échapper à Mac-Mahon.

Toutefois, le repas du soir est triste. Le capitaine M... s'attendait à être promu chef de bataillon, et on vient de lui préférer un jeune capitaine. Chacun au régiment voit là un passe-droit. M..., n'est-il pas intelligent, instruit, vigoureux et brave ? Sa brillante conduite à la tête de ses tirailleurs entre Rancourt et St-Privat ne lui a-t-elle pas valu les félicitations du

(1) Ce médecin tenait ces renseignements de l'état-major général. Il ne faisait que répéter à propos des munitions ce qu'avait avancé à tort le général Soleille à la conférence du château de Grimant.

général ? De plus son âge lui donnait le droit de rester au dépôt, mais il a sollicité l'honneur de faire campagne.

31 AOUT

A cinq heures du matin nous recevons l'ordre de nous tenir prêts à partir.

A neuf heures le régiment s'ébranle. « Où allons-nous, demandent les officiers ? — Marchez sur le St-Julien, » répond le lieutenant-colonel.

Le commandant A... ne peut se contenir :

« Comment ! sur le St-Julien ! Eh bien ! je puis l'affirmer, nous serons bien reçus ! Faire un simulacre de sortie le 26, pour bien indiquer que c'est par là que s'effectuera la vraie sortie, c'est trop fort ! ».

Il est midi ; nous arrivons à la ferme de Châtillon.

On nous assigne exactement le même emplacement que le 26.

Le temps est beau. Le soleil qui depuis quelques jours se cachait derrière de sombres nuages se montre radieux.

— « Allons, mes enfants, au travail, dit le commandant A... Faisons des tranchées-abris. Tout-à-l'heure les balles vont pleuvoir dru ».

« A propos de tranchées-abris, fait remarquer le commandant aux officiers de son bataillon, vous avez tous été surpris que le général de division n'ait pas songé à en faire creuser les 16 et 18. Vous savez aussi avec quelle violence le maréchal Canrobert lui a reproché son incurie ».

« Regardez donc, s'écrie tout à coup le capitaine M... N'apercevez-vous pas ces masses qui se meuvent autour du village de Ste-Barbe ? Ne voyez-vous pas scintiller au soleil les casques à pointe ? La bataille va commencer ! attention ! ».

Il est une heure et nous ne recevons pas d'ordre.

Pour tout le monde, que le temps semble long !

Il est deux heures. Encore rien !

Les officiers s'impatientent. « Si l'on veut livrer bataille aujourd'hui, disent-ils, c'est grand temps de commencer. »

Il est trois heures. Les hommes murmurent. Ils sentent que ces longueurs n'indiquent rien qui vaille.

Je me promène rêveur sur le talus d'une tranchée-abri. Je heurte du pied des fossiles. Ils me rappellent les fossiles que je recueillais, il y a un mois à peine, dans mes excursions géologiques.

Mes souvenirs me reportent à C... Je songe à mes maîtres ; que d'événements en un mois ! Que de défaites ! Que d'illusions perdues !

Enfin éclate un coup de canon ! Il est quatre heures moins vingt minutes.

Sur le plateau de Ste-Barbe commence un formidable combat d'artillerie.

Les Prussiens prennent position en avant du village et les Français au pied du château de Grimont.

Entre ces deux longues rangées de canons passe une route bordée de grands peupliers.

Bien que la distance qui nous sépare du champ de bataille soit de six kilomètres, nous pouvons à l'aide de longues vues suivre les péripéties de la lutte.

Si de notre côté les détonations semblent plus fréquentes, si la fumée monte plus haute et plus dense, nous tressaillons de joie. Nos vœux accompagnent nos obus.

A cinq heures, je lie conversation avec un capitaine d'artillerie.

« L'opération a évidemment pour but, me dit-il, de ramener les Prussiens de Gorze, et de les rejeter dans la Moselle. Le sixième corps est le pivot du mouvement. »

Il ajoute :

« Savez-vous, docteur, que Mac-Mahon n'est pas loin ? J'espère toujours entendre son canon dans la direction de Thionville. Prêtons l'oreille. Ce serait une riche affaire ! Voyez-vous les Prussiens pris entre deux feux ?

« On dit aussi que Douay arrive par Pont-à-Mousson, mais je vous déclare franchement que cette nouvelle ne me semble pas vraisemblable. »

A ce moment, M. N... attire mon attention sur un régiment qui passe à quelques pas de nous.

« Voyez-vous cet enfant, me dit-il ? Il a à peine quinze ans ! »

Un enfant en effet marche à la tête du régiment. Le bruit court qu'il a tué plusieurs Prussiens. On l'a récompensé en lui donnant les galons de caporal et en le mettant au premier rang les jours de bataille.

A sept heures, un commandant d'état-major arrive sur nous à bride abattue. Il vient annoncer au général de division que le village de Servigny est attaqué par trois côtés à la fois : par le maréchal Lebœuf, par le général Ladmirault et par le général Tixier — ce dernier avec une division — et que le succès n'est pas douteux. Il lui apprend également que le maréchal Bazaine renonce pour ce soir à faire attaquer le village de Marly.

Le commandant A... peut à peine contenir sa colère. C'est lui qui devait enlever ce village.

« Pourquoi avoir commencé la bataille si tard, s'écria-t-il ?

« Pourquoi laisser à l'ennemi le temps de se fortifier pendant la nuit ?

« Du reste ne me parlez pas de ces batailles coupées en deux. »

Pour comble de malheur, Mac-Mahon n'arrive pas. Une dernière fois nous prêtons l'oreille. Rien... rien...

Le soleil baisse à l'horizon. Le duel d'artillerie continue. Servigny-les-Sainte-Barbe disparaît derrière un épais nuage de fumée ; seul, son clocher brille aux rayons du soleil couchant comme pour rester le dernier témoin de cette scène de carnage.

La nuit arrive. Nous n'entendons plus sur le village que le crépitement des chassepots.

A neuf heures, la lutte y est très vive.

« Que cette fusillade me déplaît ! dit un capitaine d'état-major. »

En effet, d'après quelques-uns, nos soldats auraient pris le village, puis l'auraient reperdu.

Je passe la nuit sous le hangar de Châtillon, entre M. N... et P..., un de mes camarades du Val de Grâce.

Ce dernier affirme tenir d'un colonel d'artillerie que nous avons pris du canon.

Cette bonne nouvelle nous console un peu de la lenteur des opérations.

« Espérons, mes amis, dit M. N... ; avec des soldats comme les nôtres, il ne faut jamais désespérer.

1er SEPTEMBRE

Nous sommes réveillés par le bruit du canon. Il est quatre heures et demie.

Nous nous dirigeons du côté du champ de bataille. Un brouillard épais couvre la campagne et nous cache les combattants. Nous marchons à l'aventure.

Un commandant d'artillerie passe à quelques pas de nous.

— « Quelles nouvelles nous apportez-vous, commandant, lui demande M. N...

— « Docteur, je tiens d'un capitaine et d'un habitant de Servigny que le village nous a appartenu pendant la nuit. Le fait est certain puisqu'ils y ont couché. »

Quelques pas plus loin nous rencontrons un jeune sous-lieutenant de cavalerie, un type de petit-crevé. Il était cavalier de 2e classe au début des hostilités, mais personne n'ignore que son rapide avancement n'est dû qu'au droit de naissance. Son père est général.

« Eh bien ! lieutenant, avons-nous pris Servigny ? lui demande M. N.... »

« Allons donc ! Nous n'avons rien pris du tout. De plus, nous allons recevoir aujourd'hui la petite pile de l'amitié... le coup des quatre heures. »

Nous trouvons la plaisanterie de mauvais goût.

Nous continuons à cheminer, et nous nous trouvons heureusement au milieu du 101e.

De sept heures à neuf heures, sur notre droite, la fusillade est très vive. Les brouillards disparaissent et nous pouvons apercevoir le champ de bataille.

Avançons-nous ? telle est la question que chacun se fait.

Des officiers d'artillerie munis de longues vues prétendent que la retraite des Prussiens s'accentue.

A dix heures, ô désespoir ! nos tirailleurs reculent. Ils ne sont pas soutenus.

« N... de D..., s'écrie le capitaine M.., voilà des braves gens qu'on laisse écharper et nous sommes là 25,000 hommes à ne rien f...! Quelles sont donc les ganaches qui commandent là-bas ? »

A dix heures et demie nous apprenons que les positions prises par nous la veille ont été reprises par l'ennemi.

Quelques instants après le feu cesse.

La petite garnison des forts de St-Julien qui, hier et aujourd'hui, n'a cessé de cribler l'ennemi de projectiles, continue à tirer avec une précision extraordinaire. Les obus tombent à sept kilomètres dans les masses prussiennes, et y font de grands vides.

« Ce sont des pièces de vingt-quatre-long, nous dit un officier d'artillerie. »

Bien que désespérés d'être vaincus, nous éprouvons une âpre jouissance à voir tuer nos ennemis.

La retraite commence à une heure.

Les soldats défilent mornes et silencieux.

« Après tout, me dit M. N...,voilà des hommes qu'on fait massacrer sans but, sans résultat ; comme nous ils sentent qu'on les trompe. »

Nous reprenons notre campement d'hier.

— « Je viens d'apprendre que les Prussiens étaient 200.000, dit le capitaine M.... Cela ne me surprend pas, ils ont eu le temps de se masser pendant la nuit.

— « Nous n'étions pas à beaucoup près aussi nombreux, lui répond le commandant A... Mon frère tient de l'état-major général que nous ne disposions que de 90.000 baïonnettes. »

— « Et encore n'en a-t-on utilisé que la moitié, fait remarquer M. N..., puisque on n'a fait donner ni le 6e corps, ni la garde. »

Mon chef, que la marche des événement exaspère, continue à énumérer les griefs qu'il reproche au commandant.

« Commencer l'attaque à quatre heures, quelle faute !

« Ne pas conserver les positions conquises en faisant soutenir les troupes engagées, quelle autre faute !

« Sortir en plein midi au lieu de s'ébranler à minuit, quelle ignorance de la guerre ! »

Nous apprenons dans la soirée que la retraite était ordonnée dès le matin.

VI — METZ (Septembre)

2 septembre

Le capitaine adjudant-major B..., quitte l'ambulance pour rejoindre le régiment. Il va prendre ses repas avec nous.

« Rien pour stimuler l'ardeur des troupes, s'écrie le capitaine M... au déjeuner, pas un ordre du jour ! pas une récompense ! »

Nous approuvons tous cette virulente sortie. Nous sentons qu'il se trame quelque chose d'inconnu dans les régions supérieures.

« Qu'on ne vienne pas dire que Bazaine a envie de sortir, dit à son tour le commandant A...

Pour quiconque a du bon sens, le moindre des actes du maréchal prouve le contraire ».

— « Avez-vous soigné beaucoup de blessés hier, docteur ? »

— « Dix, mon commandant ».

— Parbleu ! cela n'est pas étonnant ; l'engagement a été si peu sérieux ! Capitaine M..., ajoute le commandant, aujourd'hui je partage pleinement votre manière de voir au sujet de Bazaine. Ah ! vous l'avez bien apprécié à sa juste valeur après la journée du 26. Non, non, le maréchal n'est pas *franc du collier*.

— « Mes amis, dit à son tour le capitaine B... si vous saviez tout ce qui se chuchote à Metz, vous en seriez stupéfaits. Quelques messins vont jusqu'à prononcer le mot de trahison ».

A quatre heures la musique du régiment se fait entendre au milieu du camp. Personne ne s'y rend. Seul le général de division se délecte aux accents des airs d'Offenbach, et cela après plusieurs défaites !

« Vieille bête ! va, grommelle le capitaine M... On a beau être mélomane, un peu de pudeur sied bien parfois ».

3 SEPTEMBRE

Il est une heure après-midi, il pleut à torrents. Le capitaine M... m'aborde furieux.

— « Un comble ! docteur, un comble ! »,

— « Qu'y a-t-il de nouveau, capitaine ? ».

— « Exercice de tir pour le régiment, mon ami ! Eh bien ! soyez persuadé qu'il n'y aura pas de contre-ordre. Ah ! on sait bien revenir sur les ordres quand il s'agit de marcher en avant, mais aujourd'hui les hommes seront trempés, seront malades, et Bazaine sera content ».

A quatre heures je reçois l'ordre de faire le service médical du 102e régiment. Tous ses médecins ont été fait prisonniers à St-Privat, (1).

Le colonel de G. du 102e régiment m'accueille avec affabilité et je suis à peine avec lui depuis un instant qu'il m'apprend, les larmes aux yeux, la mort du général Decaen.

« Quelle perte pour l'armée ! me dit-il, un peu remis de son émotion. Le connaissiez-vous, docteur ? »

« — Je suis son compatriote, mon colonel, et j'étais encore enfant que déjà j'entendais raconter les faits d'armes du colonel Decaen. »

« — Quelle perte pour l'armée ! répète le colonel. Votre art est donc impuissant, docteur ? »

« — A quelle blessure a succombé le général, mon colonel ? »

« — A une plaie du genou par coup de feu. Comme vous le savez, il a été blessé à Borny. »

« — Les blessures des articulations sont toujours très graves, mon colonel. »

« — Ah ! si les médecins militaires étaient toujours sur le champ de bataille, ajoute M. de G..., ils pourraient sauver bien des existences. Si, à Gravelotte, un chirurgien s'était trouvé aux côtés du colonel du 75e au moment où il a eu l'artère de la cuisse coupée par une balle, qui sait ? Peut-être serait-il vivant aujourd'hui ? Vous l'avez vu, docteur ?

« — Oui, mon colonel, mais trop tard. On venait de l'apporter à l'ambulance de Villiers-sous-Bois, et déjà le râle de l'agonie commençait. »

Je ne pus résister au désir de modifier la manière de voir de M. de G..., au sujet du rôle

(1) Je continuerai à prendre mes repas au 101e et ma tente sera toujours dressée à côté de celle du commandant A...

qu'est appelé à remplir un médecin sur le champ de bataille.

« — Sur le théâtre de la lutte, mon colonel, le chirurgien ne peut rendre à peu près aucun service. Je puis en parler par expérience, étant resté quatre heures derrière une batterie, à Rezonville. Faire un pansement sous le feu de l'ennemi est chose impossible. L'opérateur est-il calme, le blessé ne l'est pas. Du reste, on ne peut admettre qu'il faille un médecin pour tout homme qui tombe. La guerre est hideuse, il faut l'admettre avec toutes ses conséquences.

« Où devrait se placer le chirurgien de régiment pendant une bataille, me demanderez-vous ?

« A quelques centaines de mètres des combattants, mon colonel, protégé, si cela était possible, par un repli de terrain. Si une ambulance se trouvait à proximité, il ferait mieux de s'y rendre. »

Le colonel me comprend, et, après quelques instants de silence, me raconte avec force détails la belle défense de Ste-Marie-aux-Chênes. Son régiment s'est en effet couvert de gloire dans la journée du 18.

Dans la soirée, le bruit court que Mac-Mahon aurait remporté une victoire.

Personne ne prend cette nouvelle au sérieux.

4 SEPTEMBRE

Nous recevons l'ordre d'installer une infirmerie par régiment.

Au déjeûner, le capitaine M.. fait remarquer combien les croix de chevalier de la légion d'honneur sont distribuées inégalement.

« Tenez, me dit-il, le 102e, dont vous faites le service médical depuis hier, a reçu trente-cinq décorations, tandis que le 101e, qui fait brigade avec lui et dont les pertes ont été aussi grandes, n'en a reçu que cinq. »

« Affaire de colonel, répond le commandant A..., le nôtre est brave, mais inerte ; le colonel de G... n'est pas moins brave, mais sait intriguer.

« Je ne comprends pas, ajoute le commandant, que Bazaine se laisse jeter de la poudre aux yeux de cette façon. »

« En Afrique, reprend le capitaine, quand un régiment a perdu un homme et tué quatre pelés et un tondu, on le couvre de décorations. Le 101e a 1,600 hommes et 43 officiers hors de combat, on lui fait l'aumône de cinq décorations. N'est-ce pas dérisoire ! »

Dans la soirée, M. N... m'apprend qu'il a dîné hier avec le général Bourbaki.

« Ah ! vous ne sauriez croire, me dit mon médecin-major, combien le général est désolé de la tournure qu'ont prise les événements le 18. Il ne peut digérer la reculade du 1er septembre. Il est furieux contre Bazaine, mais il ronge son frein en silence. Hier, il causait beaucoup plus que d'habitude, et, entre autres épisodes, il m'a raconté qu'à Frouard un turco a pu, à lui seul, faire reculer plusieurs uhlans et empêcher ainsi que les communications télégraphiques n'aient été interrompues trente-six heures plus tôt. »

Parral est indigné de voir distribuer du blé pour les chevaux. « Il faut qu'il y en ait de trop à Metz, me dit-il. »

5 SEPTEMBRE

Les bruits qui, les jours précédents, n'existaient qu'à l'état de vagues rumeurs, prennent aujourd'hui une certaine consistance.

Un des journaux de Metz, l'*Indépendant de la Moselle*, écrit en tête de ses colonnes :

« Avant peu nous aurons une bonne et grande nouvelle à annoncer à nos lecteurs. »

A quatre heures M. N... arrive de Metz, il en rapporte la nouvelle suivante : Mac-Mahon aurait essuyé un petit échec, près de Stenay, dans un combat d'arrière-garde. Nous aurions perdu 3.000 hommes et 10 ou 15 canons.

On connait ces détails par un officier prussien ; il a fait parvenir une lettre à un capitaine français du nom de Boyer. Ces deux officiers se sont connus au Mexique.

On raconte que l'officier allemand a fait preuve dans nos rangs, sous Puebla, d'une grande bravoure. Il a, lui seul, pendant plusieurs heures, servi une pièce de canon, dont tous les servants avaient été tués. Ayant appris que son ancien camarade se trouvait sous les murs de Metz, il a obtenu la permission de lui écrire. Les Prussiens ont jugé à propos de joindre à sa lettre un bulletin contenant les détails rapportés par M. M... N...

Puis arrive au camp en compagnie de sa femme un négociant de Metz, M. G... Son cousin, le capitaine B... du 101°, a été tué à Gravelotte ; il vient demander quelques détails sur sa mort.

Nous faisons cercle autour de lui ; à notre tour nous le pressons de questions :

« Il s'est entretenu longuement avec des officiers de la garde ; ils lui ont affirmé que Mac-Mahon avait remporté une victoire à Stenay ».

« A une demi heure d'intervalle nous apprenons une défaite et une victoire de Mac-Mahon à Stenay, » fait remarquer le commandant A...

Que croire ?

Quelques instants après arrive de la division un sergent-major. Il a entendu dire que les communications auraient été rétablies avec Paris, que nous aurions remporté un succès près de Frouard.

Cette nouvelle ramène un moment de joie parmi nous, et déjà, prévoyant de nouveau succès, nous refoulons les Prussiens jusqu'au Rhin.

A cinq heures survient M. de R...

« Eh bien ! capitaine, quelle nouvelle nous apportez-vous ! ».

« Je ne sais rien, Messieurs, absolument rien ».

Il ne sait rien ! et il vient d'avoir un entretien avec le Maréchal Canrobert ! quel désappointement !

« Cependant, fait remarquer le capitaine M..., le succès obtenu près de Frouard expliquerait la canonnade d'hier, canonnade dont il est du reste question dans les journaux de Metz » (1).

6 SEPTEMBRE

La viande de cheval fait aujourd'hui sa première apparition. Le capitaine M... a, dès hier, préparé le morceau qui nous a été délivré. Il en a fait trois parts : l'une nous est servie comme *bouilli*, l'autre, comme civet, et la dernière comme rôti.

Grâce à l'habileté de notre cuisinier, nous faisons un excellent déjeuner. N'étaient quelques grains de sable qui craquent sous la dent, ce

(1) C'était le bombardement de Toul.

serait jusqu'à ce jour notre meilleur repas sous Metz.

« Ces grains de sable, messieurs, nous dit le capitaine M..., se trouvent là, parce que les soldats chargés de dépecer les chevaux, font cette opération sur la route, en pleine boue. Dorénavant les choses se passeront autrement ».

Je vais passer l'après-dinée à Metz.

Je me trouve au café Parisien avec un commandant de cuirassiers qui expose avec éloquence et conviction ses sentiments républicains. Il éprouve une réelle satisfaction à répéter qu'il a été mis trois fois en non activité pour opinions politiques.

Il critique sévèrement la conduite de Bazaine.

« Des Hoches, des Marceaux, des Desaix, s'écrie-t-il. Assez de ces vieilles semelles qu'on ne voit jamais en avant.

« Qui donc videra les écuries d'Augias ? »

Pendant plus d'une heure il tient l'assistance sous le charme de sa parole (1).

A une table voisine se trouvent de jeunes officiers d'artillerie et du génie.

Ils ne dissimulent pas le mépris que leur inspirent les commandants du fort Queuleu.

Ce sont de vieilles bêtes, disent-ils ; ils n'ont pas déployé l'activité voulue dans la construction des fortifications nouvelles ».

En rentrant au camp j'apprends que le 102e régiment doit avec d'autres troupes, s'emparer d'un village. Le départ aura lieu à deux heures après minuit.

Le contre-ordre arrive à neuf heures du soir.

(1) J'ai su depuis que ce commandant est le même dont parle Rossel dans sa brochure : *Les derniers jours de Metz.*

7 SEPTEMBRE

A Metz, on ne sait rien.

Au café de France je fais la rencontre de deux de mes camarades de promotion, P... et de B...Nous ne nous sommes pas revus depuis huit ans.

— « Quel est ton régiment, me dit P... ? ».

— « Le 101e ».

— « Sais-tu que votre drapeau a été ramassé le 16, dans la soirée, sur le champ de bataille de Gravelotte par des soldats du 1er grenadier ? ».

« Je sais en effet que le soir de la bataille nous n'avions plus de drapeau et que le maréchal Canrobert, en apprenant le fait, a manifesté tout son mécontentement. Le porte-drapeau L... était un de mes amis ; c'était un rude soldat. Je dis : *était*, car il est probablement mort. Ses camarades racontent que dans une charge de cavalerie il a été écrasé sous les pieds des chevaux. On ne l'a pas revu ».

A peine de retour au camp j'apprends par M. de R... que Mac-Mahon a été battu sur toute la ligne, sous les murs de Sedan. Il tient cette mauvaise nouvelle de l'Etat-major général où elle a été apportée par deux sous-officiers.

Que nous sommes tristes au repas du soir !

« Non ! non ! mille fois non ! s'écrie tout-à-coup le capitaine M... Je ne crois pas à ce l'on raconte. Ce sont les Prussiens qui font courir ces bruits. Mac-Mahon ne se serait pas exposé à être battu une seconde fois avec des forces inférieures ».

« Si le fait est vrai cependant, fait remarquer M. N... Bazaine a été mal inspiré en ne sortant pas le 26 ».

« Bazaine ! s'écrie le commandant A..., Bazaine ! un brigand ! une canaille ! qu'attendre de l'homme qui a lâchement abandonné Maximilien ; qui s'en est revenu du Mexique les poches pleines d'or ?

Il est sept heures. Un orage éclate avec violence. La pluie est torrentielle ; le grondement du tonnerre couvre notre conversation ; des rafales de vent menacent de renverser la tente. Chaque claquement de la toile répand sur nous un nuage de goutelettes fines et brillantes.

— « Chien de temps, va ! s'écrie le commandant avec colère.

Un bruyant éclat de rire accueille cette exclamation.

Ne voyons-nous pas tous scintiller de nombreuses perles sur le visage du vieux brave ?

« Riez, Messieurs, riez, et puisque Bazaine est la cause de tous nos maux, continuez à faire son apologie ! »

Mais l'eau envahit la tente ; elle y atteint une hauteur de dix centimètres.

Nous prenons à la hâte congé du commandant pour nous allonger sur nos lits qui heureusement émergent encore de quelques pouces au-dessus du niveau de l'eau.

8 SEPTEMBRE

A quatre heures M. et Mme G... viennent nous visiter en voiture.

Nous nous rappelons leur visite du 5 septembre.

Décidément les messins éprouvent autant de plaisir à visiter le camp que nous à nous rendre à Metz.

— « Quelles nouvelles, Monsieur ? ».

— « Les bruits les plus graves circulent à Metz, répond M. G... : Deux sous-officiers de zouave, rendus libres par les Prussiens dans le but de mettre l'armée française au courant des évènements, racontent que Mac-Mahon a été battu. Un troisième sous-officier dit que Mac-Mahon, battu le 31 août et le 1er septembre, a remporté un succès le 2 septembre ».

Sur ces entrefaites arrive M. N... Il vient d'interroger au quartier général des turcos pris à Sedan. Ils affirment que six pièces de canon et non dix ou quinze, comme on l'a d'abord dit, sont tombées au pouvoir de l'ennemi.

Nous nous couchons désespérés (1).

9 SEPTEMBRE

Un vent violent du sud-ouest chasse devant lui de sombres nuages.

A une heure M. de R... vient passer quelques instants sans ma tente. Il apporte du quartier général les renseignements suivants :

« La bataille livrée le 31 août, les 1er et 2 septembre est indécise comme celle de Gravelotte (1).

« A la suite de ces journées, les troupes distraites de l'armée du prince Frédéric-Charles pour renforcer l'armée de la Meuse ont été dédoublées : une partie a rejoint le prince royal, l'autre est revenue sous les murs de Metz.

« De Failly, qui s'est laissé surprendre, a été remplacé par de Wimpfen.

« Mac-Mahon n'a pas avec lui les 4es bataillons.

(1) Que nous étions loin de connaître la vérité!

(1) On nous trompait sciemment. Bazaine connaissait le désastre de Sedan depuis le 4.

Trochu les a incorporés dans l'armée de Paris. »

A trois heures je vais à Metz.

L'*Indépendant de la Moselle* donne de bonnes nouvelles n'ayant pas encore de caractère officiel.

« Douay a débloqué Strasbourg et rejeté l'ennemi dans le Palatinat ».

« Les combats livrés par Mac-Mahon sont à notre avantage.

« Les Prussiens se voient forcés de lever le siége de Metz. »

A six heures je suis de retour au camp.

A sept heures moins un quart éclate chez l'ennemi une effroyable canonnade. Les détonations s'entendent aussi bien sur Gorze et Gravelotte que sur St-Privat. A ce moment même de gros nuages crèvent sur nous ; une nappe, d'eau s'abat sur le camp. L'obscurité est complète.

Nous sommes sur le qui-vive. Le commandant A... passe la tête hors de sa tente et crie à pleine voix : « tenons-nous prêts ».

Mais déjà les sous-officiers sont là ; aux premiers coups de canon ils sont accourus pour re cevoir des ordres.

De mon côté je cours au 102e régiment.

« Que pensez-vous de tout ce bruit », dis-je au colonel de G,.. en l'abordant ?

« C'est peut-être pour masquer ce fameux mouvement de retraite », me répondit-il.

Au bout d'une demi-heure d'attente, le général de division et l'état-major général ne faisant rien dire, M. de G... me renvoie à mon régiment.

De retour au 101e, je ne trouve plus le commandant. Il est allé avec son bataillon renforcer les grandes gardes.

A huit heures moins dix minutes, la canonnade

diminue d'intensité. La pluie à cet instant tombe avec tant de véhémence qu'elle est sans doute la cause de ce répit.

A huit heures la pluie diminue et pourtant le bruit du canon cesse.

Sur la route de Woipy qui passe à cent mètres de nos tentes roulent avec fracas des voitures d'artillerie.

Les soldats ont cru entendre des détonations de mitrailleuses. « C'est Mac-Mahon », se sont-ils écriés.

Je vais aux informations chez M. N... Il est avec le colonel.

Ils ne savent comment expliquer cette canonnade.

10 SEPTEMBRE

Que nous sommes impatients de connaître la cause de la canonnade d'hier ! Un grand nombre d'officiers accourent à Metz, il se précipitent sur les journaux.

Ils peuvent lire dans l'*Indépendant de la Moselle* que les Prussiens ont voulu forcer nos soldats à s'exposer à une pluie battante ; et dans le *Vœu National*, que nos forts ont commencé le feu.

Tout cela n'est pas sérieux! s'écrient la plupart.

En revanche le *Journal de Metz* raconte des faits de la plus haute gravité.

« Le 30 août, de Failly s'est laissé surprendre sur la rive gauche de la Meuse, mais il a cependant pu passer sur la rive droite sans faire de trop grandes pertes ;

« Le 31 août Mac-Mahon a remporté un succès. Les Prussiens avouent que dans cette journée leurs pertes ont été de 40.000 hommes, tant tués, que blessés ou prisonniers;

« Le 1er septembre Mac-Mahon continuait à avancer, mais à une heure de l'après-midi un mouvement tournant de l'ennemi le força à se replier sur les hauteurs de Givonne, sous la protection des forts de Sedan ».

Je rencontre au café Parisien le docteur S... Un lieutenant qui l'accompagne me raconte le fait suivant :

« Un capitaine du 63e, pris à Forback est arrivé ce matin aux avant-postes. Il avait l'air ahuri, hébété. Il a tout d'abord dit avoir lu dans le *Moniteur officiel* que l'empereur et 40.000 hommes avaient été faits prisonniers, et que Mac-Mahon, grièvement blessé, s'était réfugié en Belgique. »

« Le général de division a demandé à entendre cet officier.

« Mais alors ce n'était plus dans le *Moniteur officiel*, mais dans les *Débats* qu'il avait pris connaissance de ce désastre ».

« Ce capitaine, me dit en terminant le lieutenant, ne possède pas ses facultés intellectuelles, il faut l'espérer du moins, et pour ce motif il nous a été envoyé par les Prussiens, ou bien ces derniers lui ont fait lire des journaux imprimés chez eux ».

Dans la soirée arrivent sous ma tente les commandant A... et L.... M. N..., les capitaines M..., de R..., R..., B..., le lieutenant du C...

Nous ne pouvons croire à l'immensité de nos malheurs ; Nous voulons douter encore. Nous ne comprenons pas que Mac-Mahon se soit exposé une seconde fois à se faire battre avec des forces inférieures.

Pendant une heure nous échangeons nos craintes et nos espérances.

Nous allons nous séparer lorsqu'un fourrier arrive pour me lire l'ordre suivant :

« Un rapport sanitaire sera fourni tous les dix jours au médecin en chef du corps d'armée par les médecins de régiment ».

« Tous les dix jours? s'écrie le capitaine M... Nous allons donc nous éterniser ici ! ».

11 SEPTEMBRE

A cinq heures après-midi le capitaine M... qui revient de Metz nous dit qu'au sujet des évènements il a entendu émettre les trois versions suivantes :

« 1° Mac-Mahon aurait eu des succès les deux premiers jours, mais le corps de de Failly aurait été surpris le troisième.

« 2° Mac-Mahon aurait livré une bataille douteuse. Douay aurait débloqué Strasbourg et poursuivrait les Prussiens jusque dans le Palatinat.

« 3° Mac-Mahon serait en fuite, battu. L'empereur aurait défilé avec 70.000 hommes devant l'armé Prussienne. Le prince royal aurait refusé de recevoir son épée et l'aurait renvoyé à Bismarck ».

A sept heures nous sommes nombreux sous ma tente : les commandants A... et L..., les capitaines B... de R... et R... ; le lieutenant du C... etc., etc.

Comm. A... — « Qu'y a-t-il de nouveau. M. de R... ?»

Cap... de R... — « Des choses fabuleuses, mon commandant. On s'est emporté contre moi à l'état-major général, parce que je n'ai pas voulu tout d'abord y croire :

« L'Empereur a capitulé à Sedan avec 40.000 hommes.

« Mac-Mahon est en pleine déroute. Il a été blessé et s'est réfugié en Belgique.

« La République est proclamée à Paris sous les auspices de Trochu ».

Cap. R... — « Pouvons-nous faire une trouée, mon commandant ?

Comm. A...—« Une trouée !! mais elle n'est plus possible. Nous serions pris le premier ou le deuxième jour. Nous avons mangé nos chevaux et nous n'avons même pas à notre disposition des vélocipèdes.

Cap. B... — « C'est au plébiscite que nous devons tous nos malheurs ; et j'ai voté oui !! Que Dieu me le pardonne !

Cap. de R... — « Je puis le dire maintenant j'ai déposé un *non*.

Cap. M... — « Quel scélérat que ce Bonaparte ! On ne pouvait pas attendre autre chose de lui.

« Vingt ans de génuflexions ! vingt ans d'un règne où l'on n'était pas content quand sa Majesté n'avait pas.....

Comm. A...—« Mais, mon Dieu, qui donc avons-nous sur le trône ?

Cap. M... — De.. .....

Moi. — « Après tout si l'empereur a capitulé à Sedan, c'est le salut. Son fils ne lui succèdera certainement pas.

Cap. M... — Son fils !!! Ah ! bien oui ! un... un... Qu'il s'en aille aussi celui-là avec sa balle ramassée à Sarrebruck.

Comm. L... — « Pour moi je crois que c'est le Mexique qui nous vaut de si grands désastres.

Cap. M... — « Oui, cet aventurier après avoir épousé une espagnole . . . .

. . . .

Comm. A... — « Il doit avoir mal ailleurs qu'à la vessie en ce moment ».

Cap. M... — « Ah ! le misérable ! Si je devais le

sonder, je le ferais avec une s.. sonde, et je fusillerais tous ses aides de camp; les Lebœuf, les Froissard, les de Failly, etc.., etc.

COMM. A... — « Que les Prussiens nous laissent seulement dormir cette nuit !

CAP. M... — « Ceux-là ! je les ..... aussi....

COMM. A... — « Décidément il n'y a plus qu'un grand homme, Bismarck. Je me fais Prussien ! ».

Sur ce propos chacun se retire sous sa tente. Toutefois le capitaine M... éprouve le besoin de déverser encore un peu de bile. Il voudrait voir punir les propagateurs de fausses nouvelles. Il doute encore. Ce qui ne l'empêche pas de répéter en s'endormant.

Pauvre France ! pauvre France ! (1)

12 SEPTEMBRE

En m'éveillant, j'entends le capitaine M... et le commandant A... s'entretenir de la mauvaise nouvelle.

Au même instant, survient M. de R....

Il rapporte du quartier général qu'un colonel Prussien est venu hier en parlementaire.

Il nous confirme, en outre, les sinistres bruits du 11.

(1) Le Français voulant dans les mots être respecté, l'auteur a passé sous silence les expressions par lesquelles quelques officiers exprimèrent leur colère et leur indignation lorsqu'on apprit la vérité.

On a vu par ce qui précède quel était le courage et la confiance de tous ; personne ne doutait du succès final. On s'explique donc ces injures et ces imprécations à l'adresse d'un souverain qui venait de couvrir nos armes de honte et d'opprobre.

L'impératrice elle-même n'est pas épargnée. L'officier français a cependant le respect inné de la femme et il l'épargne même quand elle est coupable, mais en ce moment la rage dominait tout.

Une heure plus tard, un pharmacien principal nous rapporte également du quartier général que quatre grandes puissances : l'Angleterre, la Russie, l'Autriche, l'Italie, interviennent et demandent l'évacuation du territoire français, son intégrité.

Le gouvernement provisoire accepte ces propositions.

L'Autriche a envahi la Saxe et les provinces du Sud avec 300,000 hommes.

A Metz, je vois dans l'*Indépendant* l'entrefilet suivant :

« On lit dans les journaux prussiens que la « déchéance de l'Empire a été proclamée le cinq « septembre au corps législatif, à une immense « majorité (12 voix contre), et à l'unanimité du « Sénat.

« Trochu, président du gouvernement provi- « soire, aurait écrit à Guillaume que la dynastie « napoléonienne ayant vécu, il n'y avait pas lieu « de faire la guerre à la nation française. Le roi « de Prusse n'a-t-il pas dit, en effet, dans sa « proclamation, qu'il ne combattait que contre « Napoléon III . . . .

. . . .

« Favre est nommé aux affaires étrangères, « Gambetta à l'Intérieur, Leflô à la Guerre, Ké- « ratry à la Police. »

Un médecin principal, le docteur Bou... a eu un entretien avec le commandant d'état-major Samuel.

« Ce commandant a été envoyé en parlemen- « taire le 11, dans la matinée. Il a appris que « l'Empereur, après deux jours de bombarde- « ment à Sedan, s'était rendu avec Wimpfen, « Ducrot, de Failly, etc., et 40,000 hommes, que

« Mac-Mahon, réfugié en Belgique avec 15 à « 20,000 hommes, était grièvement blessé, peut-« être mort ;

« Que l'Empereur était déjà prisonnier dans la « Hesse-Cassel, au château de Wilhelmsohe.

« Le commandant Samuel a demandé l'auto-« risation de se rendre à Paris ; on la lui a refu-« sée. On lui a fait lire un article du *Journal des* « *Débats*, où l'affaire de Sedan était racontée « avec force détails ; il n'a pu obtenir qu'on lui « livrât cette feuille. »

Au café Parisien, un capitaine de gendarmerie, en présence des publications faites dans les journaux, dit au groupe de médecins et d'officiers dans lequel je me trouve :

« Cette mauvaise nouvelle me pèse sur le « cœur depuis le 7, mercredi : Un espion est « arrivé ce jour-là à Metz. D'autres espions ont « pu traverser les lignes prussiennes les 8, 9 et « 10 septembre.

« Maintenant que tout le monde est mis au « courant des événements, rien ne m'oblige, « bien que capitaine de gendarmerie, à garder le « secret.

« On dit Mac-Mahon en Belgique, mort peut-« être ; cela me semble impossible. Je le crois « plutôt en retraite sur Verdun et probablement « plus près de nous encore. »

Un officier d'état-major nous raconte que dans l'armée il ne se passe pas de jours où l'on ne traite Lebœuf, Froissard et même Bazaine d'affreux gredins. Il affirme que sur toutes les voitures du général Frossard on a rayé l'F, ou bien ajouté un U après l'O.

Aujourd'hui, un conseil de guerre est tenu à trois heures par les commandants de corps d'armée.

Le soir, arrrive un ordre : Les plus anciens de tous les grades se rendront chez les chefs de corps demain matin.

13 SEPTEMBRE

Comme unique médecin du 102e, je fais partie de la députation.

Dans une des villas du Ban St-Martin, habite le maréchal Canrobert. A dix heures, nous sommes tous réunis dans un gracieux jardin anglais. Le maréchal s'avance gravement sur le bord de la terrasse. Le gardien de la maison, un magnifique terre-neuve, à qui il a sans doute permis certaines privautés, court en bondissant se placer devant lui. Le vieux soldat trébuche. Chacun de sourire.

Je reste avec intention derrière le groupe des officiers. Assis sur un banc, entre deux superbes cactus, je suis prêt à noter tout ce que j'entendrai :

« Messieurs, dit le maréchal, hier il y a eu « réunion des chefs de corps d'armée et le géné- « ral en chef m'a prié de vous faire la communi- « cation suivante :

« L'Empereur a été fait prisonnier à Sedan « avec toute son armée. Le maréchal Mac-Mahon « est probablement mort.

« Le sort des armes n'a pas été favorable à « nos frères. Ils composaient quatre corps d'ar- « mée, mais ils n'étaient pas aussi bien organi- « sés que nous.

« C'est à l'armée de Metz, maintenant, qu'il « appartient de tenir ferme le drapeau de la « France. Nous pesons d'un grand poids dans la « balance et peut-être la ferons-nous pencher « d'un autre côté.

« La République est proclamée à Paris. M. « Jules Favre a répondu à l'Empereur Guil- « laume que la France ne traiterait que lorsque « le dernier prussien aurait quitté le sol fran- « çais, appuyée qu'elle est par quatre grandes « puissances : l'Angleterre, la Russie, l'Autri- « che et l'Italie.

« Le ministre de la guerre est Leflô; c'est un « honnête homme.

« Qui sommes-nous ?

« Qu'avons-nous fait ?

« Que faisons-nous ?

« Que nous reste-t-il à faire?

« Nous sommes la vraie armée, et elle peut le- « ver haut la tête.

« Nous avons essayé de faire une trouée, nous « n'avons pas réussi.

« Devons-nous maintenant essayer de nous « échapper.

« Nous le pourrions. Avec 90,000 hommes, « 60,000 hommes pourraient réussir ; 30,000 « hommes seraient sacrifiés.

« Mais pourquoi ? Quel serait le but utile ? « Notre général en chef est un brave homme et « un homme brave, mais il ne faut pas son- « ger à mettre en pratique sa manière de voir.

« Notre rôle est tout tracé ; attendre ici le plus « longtemps possible.

« Nous avons des vivres pour cinq semaines.

« Nous sommes, du reste, là pour défendre « Metz, dont je n'ai pas besoin de vous démon- « trer l'importance.

« Nous avons fait des fortifications.

« Nous avons achevé des forts qui étaient à « peine commencés.

« En nous rabattant sur Metz, nous ne pen- « sions y rester que deux ou trois jours, le « temps de nous ravitailler. . . . .

. . . .

« Je ne crois pas que l'ennemi ose nous atta-
« quer ; il serait hâché comme chair à pâté.
« Quoi qu'il en soit, il faut prendre des précau-
« tions.
« Messieurs les chefs de corps, fournissez
« des travailleurs avec largesse ; rappelez-vous
« que vous tenez entre vos mains l'honneur du
« pays et qu'il en doit sortir intact.
« Dites bien tout cela dans vos régiments, car
« avec le soldat français il faut jouer cartes sur
« table. »

Vive le Maréchal !

Vive le Maréchal ! (1).

En revenant au camp je demande à un chef de bataillon qui, lui aussi a assisté à la réunion, ce qu'il pense de ces paroles prononcées par le maréchal Canrobert : « Notre général en chef est un brave homme et un homme brave, mais il ne faut pas songer à mettre en pratique sa manière de voir ».

Cet officier me répond ; — « Bazaine n'ayant pas tenté sérieusement de sortir en temps opportun veut à tout pris trouer aujourd'hui que l'utilité en est problématique » (2).

— « Quant *au brave homme*, je sais à quoi

(1) Ce long discours du maréchal Canrobert est rapporté textuellement; si donc le lecteur a des critiques à formuler, il saura à qui s'en prendre.

(2) Le 12 septembre Bazaine convoqua les chefs de corps d'armée pour leur donner connaissance de la catastrophe de Sedan avec des indications précises. Dans cette réunion il déclara qu'il fallait renoncer aux grandes luttes et se contenter, pour tenir les troupes en éveil, de petites opérations de détail, dont les commandants de corps d'armée auraient à prendre l'initiative. Il est à présumer que sur ce dernier point les deux Maréchaux n'avaient pas la même opinion, ce qui expliquerait ces mots prononcés par Canrobert : « *Mais il ne faut pas songer à mettre en pratique sa manière de voir* ».

m'en tenir, dis-je au commandant. Pendant la retraite de St-Privat, Canrobert n'a cessé de grommeler le mot *canaille* à l'adresse de Bazaine.»

— « On est partout très-mécontent des généraux, ajoute le commandant. Voici le trait que je viens d'entendre raconter :

« Le jour de l'enterrement du général Decaen tous les généraux assistaient à la cérémonie ; ce que voyant, deux troupiers de dire : « Si maintenant que nos généraux n'y sont pas, nous allions flanquer une pile aux Prussiens »,

Je tiens de M. N... qui a interrogé un sous-officier intelligent, prisonnier à Sedan et échangé depuis, les détails suivants :

Avant de renvoyer les prisonniers, le prince Frédéric-Charles leur adressa ces paroles :

« J'ai des compliments à vous faire sur la manière brillante dont vous vous battez. Vous êtes vaincus, c'est vrai. Mais vous êtes tous très courageux et très braves. Je regrette de ne pouvoir en dire autant de vos généraux. Ils dorment ».

A quatre heures, M. G... apporte au camp une proclamation du commandant de la place de Metz, le général Coffinière.

« Notre unique pensée doit être pour la France. Nous devons tous rester à notre poste. . . .

. . . .

« En ce moment solennel, la France, la Patrie, ce mot qui résume tous nos sentiments est à Metz. . . . .

« L'armée qui est sous nos murs ne nous quittera pas. Elle résistera avec nous aux ennemis qui nous entourent, et cette résistance donnera au gouvernement le temps de créer les moyens de sauver la France, de sauver notre chère patrie ».

Le bruit suivant émanerait du général de division Bisson. Il m'est apporté par le capitaine R...

« Les partisans de Rochefort, les socialistes auraient mis Paris à feu et à sang. Trochu, Favre etc., seraient en fuite.

« On aurait fait appel au prince Royal de Prusse qui déjà serait à Paris ».

La nouvelle me semble énorme. L'histoire nous dira si notre époque a dû voir de pareilles horreurs.

14 SPTEMBRE

Du C... tient de Canrobert que Lebœuf sera mis en accusation.

Il tient aussi du maréchal les renseignements suivants :

« Il n'y a plus que pour vingt-cinq jours de vivres et cinq jours de fourrages.

« On abattra les chevaux et on les salera.

« Mac-Mahon a brûlé le camp de Châlons.

« Le corps de de Failly a été cerné par quatre côtés avec de l'artillerie.

« Avant de se rendre à Sedan on a encloué les pièces et brûlé les drapeaux.

« Wimpfen et Ducrot ont signé la capitulation.

« Les bruits venant de Paris au sujet des faubourgs, sont faux.

« Il n'y a plus de munitions que pour un jour, 90 cartouches. Les canons n'ont plus que pour 200 coups.

« Les pièces de siège sont bien approvisionnées ».

M. N... qui a déjeuné avec le général Bourbaki me rapporte de nombreux renseignements :

« L'Alsace et la Lorraine sont déjà administrées par les Prussiens. Le frère de Bismarck gouverne l'Alsace, et M. X... la Lorraine.

« M. de B..., un Belge qui combat dans nos rangs, a démandé l'autorisation de rentrer en Belgique. Cette autorisation lui a été refusée. On lui a fait lire beaucoup de journaux ; c'est ainsi qu'il a pu apprendre que Strasbourg a capitulé le 9 septembre » (1).

« Les Prussiens ont des pièces de siège portant à des distances très grandes, 8, 10 kilomètres.

« Quand toute leur artillerie de siège sera autour de Metz, il est probable qu'ils tenteront une attaque de vive force, dans cinq à six jours peut être.

« On prétend qu'on forme en France deux armées de 200.000 hommes ; l'une sous les murs de Paris, l'autre derrière la Loire ».

M. M. N... m'engage à inscrire dans mes notes tout ce qui précède sans oublier le fait suivant :

« Le jour où le désistement du prince de Hohenzollern est parvenu à Paris, l'empereur qui se trouvait en voiture avec le général Bourbaki lui dit :

« Il en est de ce désistement comme d'une île qui, subitement apparue dans la mer, serait de nouveau recouverte par les eaux. Il n'y a plus de motif de faire la guerre ». — « L'empereur, dans tous les conseils tenus, a du reste toujours penché pour la paix ».

« Sans l'incartade du duc de Grammont au corps législatif, la querelle n'eût pas été engagée ».

(1) Strasbourg n'a capitulé que le 28 septembre.

Aujourd'hui on fait partir un ballon. Chaque officier et soldat est admis à faire connaître à sa famille, sur une feuille de papiers à cigarette, l'état de sa santé (1).

15 SEPTEMBRE

A Metz je rencontre un de mes amis de collège, le lieutenant G... Il m'apprend qu'un de nos amis communs, le lieutenant Gr... est grièvement blessé. Une balle lui a traversé la cuisse de part en part.

Nous allons lui rendre visite. Il vient d'avoir un violent frisson. Nous le trouvons dans un état de prostration extraordinaire.

A peine l'avons-nous quitté que je dis à G... :

— « Quel malheur ! notre ami est en grand danger, il est possible qu'il succombe à une infection purulente ».

— « Et pourquoi cette complication ? ».

— « Elle est due à l'encombrement de Metz par les blessés, à l'air vicié des ambulances. N'as-tu pas entendu dire que ces jours-ci les blessés meurent en masse ? Pour sa part le 101e vient de perdre deux officiers qui n'avaient que des blessures insignifiantes. Ah ! les Prussiens ne sont pas généreux. En évacuant les blessés de St-Privat sur Metz, — c'est moi qui les accompagnait — ils savaient bien que c'était un moyen sûr de les achever ».

— « Il est tard me dit G... Nous sommes bien

(1) En mai 1871 j'ai retrouvé dans ma famille la feuille de papier à cigarette que je lui ai adressée de Metz le 15 septembre 1870. Cela ne prouve-t-il pas que Bazaine eût été bien inspiré en recourant aux ballons pour donner de ses nouvelles au Gouvernement de la défense nationale ?

éloignés du camp. Je t'invite à dîner à l'hôtel de France. Nous noyerons nos chagrins dans quelque vieux crû ».

J'accepte.

Premier plat : du cheval ! deuxième plat, du cheval ! troisième plat, encore du cheval !

« Notre cuisinier, dis-je à G... ne le cède en rien au chef de l'hôtel ».

Je rentre au camp un peu tard, je suis encore à trente pas de ma tente que déjà j'entends la voix tonitruante du commandant A...

« Non, non, s'écrie-t-il en m'apercevant, je ne crois plus à aucune nouvelle.

« Ecoutez, docteur :

« Strasbourg pris.

«Mac-Mahon, mort ; son corps d'armée détruit.

« Paris en révolution, à moitié brûlé.

« Ce sont des inventions prussiennes. Ces c... là n'ont-ils pas répandu le bruit dans l'intérieur que la ville de Metz était incendiée, que la garde et l'infanterie en étaient venues aux mains, que la garde était massacrée et l'infanterie à moitié démolie ?

« Non, non, je ne croirai plus à rien.

— « Tout au plus, dit le capitaine B..., devons-nous croire à un insuccès de Mac-Mahon.

— « Connaissez-vous le motif de la fameuse canonnade du 9, me demande le capitaine M...?».

— « Non, capitaine ».

— « Eh bien ! Les prussiens célébraient la reddition de Strasbourg. D'autres disent qu'ils voulaient faire croire au bombardement de Metz aux prisonniers de Sedan qui passaient en ce moment (1).

(1) La vérité est que les prussiens avaient tenu à célébrer leur victoire de Sedan au moment où nos prisonniers passaient sous les murs de Metz.

« Je ne puis croire, ajoute le capitaine, qu'une ville aussi patriote que Strasbourg n'ait pas résisté jusqu'à la dernière extrémité ».

16 SEPTEMBRE

Des bruits contradictoires émanant du trésorier-payeur général du 6e corps nous sont apportés au camp par les capitaines d'état-major de R... et Cl...

« 1° Le prince Frédéric-Charles est proclamé Empereur des Français. La Prusse lui donne les provinces rhénanes comme don de joyeux avènement.

« 2° L'armée de Mac-Mahon a été sacrifiée pour arrêter le flot envahisseur. L'empereur est à Paris organisant la défense.

« 3° Le contingent et les nouvelles levées ont refusé de marcher. »

Il est midi. Survient M. N... qui tient les nouvelles suivantes du général Garnier ;

« Une femme au service d'officiers prussiens leur a, entre autre choses, entendu dire ce qui suit :

« L'Empereur n'est pas prisonnier ; Il vogue du côté du Danemark qui s'est prononcé pour nous. Des troupes prussiennes ont même dû pour ce motif quitter le sol français.

« Mac-Mahon est en Belgique, blessé, mais il n'est pas mort. »

Cette servante a été interrogée par le maréchal Bazaine.

J'aperçois le général B... de S... se promenant seul au milieu du camp. Je vais à lui et le prie de me dire ce qu'il pense de tous ces *racontars* absurdes :

« Je suis furieux de tout cela docteur. Hé parbleu ! moi aussi je vais en fabriquer des nouvelles !

— « Le prince de Hohenzollern est proclamé roi d'Espagne et marche sur Paris avec 100,000 hommes.

« 50,000 Chinois viennent d'arriver par le télégraphe à Besançon. »

A deux heures le lieutenant du C... arrive sous ma tente tout ému et me raconte ce qu'il vient d'apprendre :

« Les Prussiens demandent les d'Orléans comme famille régnante en France, plus cinq milliards.

« D'après d'autres ils se contenteraient de trois milliards si l'on y ajoutait la moitié de la flotte.— Et pour finir par quelque chose d'inouï, ajoute mon jeune camarade :

« Le prince Frédéric-Charles qui est déjà sur le trône de France adoptera le prince impérial, s'il n'a pas d'enfants. »

Je rencontre à Metz le lieutenant d'état-major Th... le fils du sénateur A... Th...

Il ne croit à aucune mauvaise nouvelle. « On nous trompe, me dit-il, on nous trompe sur toute la ligne : Ainsi on a écrit dans les journaux de Metz que le Sénat avait voté la déchéance de l'Empire à l'unanimité. Cela n'est pas. Mon père n'aurait jamais voté dans ce sens.

« Puisque vous êtes en quête de nouvelles, ajoute-t-il, je puis vous en donner une bonne :

« Un sapeur du génie qui a pu traverser les lignes prussiennes a apporté le *Journal Officiel* du 10. D'après ce journal l'empereur est prisonnier. Mac-Mahon est en Belgique, blessé. L'armée n'a perdu que de 10 à 15.000 hommes. Les deux premières journées ont été de vraies victoires. La déchéance de l'Empire n'a pas eu lieu.»

En rentrant au camp, j'aperçois, dans un groupe d'officiers, M. Jaillard, un de mes professeurs du Val de Grâce. Il considère la situation comme désespérée.

Les officiers qui l'entourent disent tenir d'un des notables de Metz que beaucoup de journaux français ont passé à travers les lignes, et que d'après ces feuilles 700.000 hommes viennent à notre secours.

L'un d'entre eux dit en nous quittant : « Vous savez, messieurs,que l'assaut de Metz, le grand branle-bas, aura lieu le 18 septembre».

17 SEPTEMBRE

A Metz je lis dans les journaux des extraits du journal, *le Volontaire,* qu'un brigadier, conducteur du génie a pu apporter en le logeant dans ses bottes.

« Circulaire de J. Favre aux puissances.

. . . .

« La France ne cédera ni un pouce de son territoire ni une pierre de ses forteresses. . . . . .

. . . .

« Les Prussiens sont déjà à Laon, à Vitry ».

Je fais part de ces nouvelles à mes camarades.

—«A Laon ! à Vitry !!» s'écrie le commandant A... Que fait donc la France ?

— « La France ! reprend le capitaine M..., elle s'est avachie sous ces vingt ans de règne. La France ! elle n'a plus d'armée. Les cadres sont ici et on n'improvise pas des cadres. »

Au repas du soir la viande de cheval est détestable. Notre cuisinier a oublié de l'assaisonner des quelques grains de sel dont il dispose encore..

« Le cheval a bien peu de saveur aujourd'hui. Que vous en semble, Messieurs ! ».

En disant ces mots, ma main armée d'un couteau plonge dans la salière.

— « Sacrebleu ! docteur, vous prenez du sel comme s'il en pleuvait, dit le capitaine M... d'un air courroucé ».

Le commandant arrive à la rescousse :

« Ah ! docteur, à l'avenir il faudra vous modérer à l'endroit du sel ».

Je courbe la tête. Au surplus que puis-je répondre ? Quand la note est à un certain diapason, si le silence est d'or, c'est bien dans le métier militaire. Je me demande à part moi, si j'ai manqué à la civilité puérile et honnête, ou bien si nous en sommes déjà à *la lutte pour l'existence.*

— « Après tout, fait le capitaine B... qui voit mon embarras, prendre trois grains de sel, ce n'est pas un cas pendable ».

La soirée se termine par une bouderie. Je médite une vengeance.

18 SEPTEMBRE

Il est huit heures.

— « Parral, Parral. »

— « Monsieur le major ? ».

— « Allez chercher une brouette chez le jardinier voisin. »

— « Une brouette ? ».

— « Oui, une brouette. »

Au bout de cinq minutes Parral arrive avec le véhicule demandé.

— « Allons à Metz. Marchez le premier. Je vous suis. »

— « Je comprends, Monsieur le Major ». Dans la devanture d'un épicier, rue X... sont encore les vases que j'ai vus hier ; on me les laisse au même prix.

Prenez cinquante pots, Parral. Je compte 150 francs à l'épicier et me hâte de rejoindre mon soldat qui, fier de son rôle, rentre triomphalement dans le camp.

— « Que nous amenez-vous, « docteur ? » me crie le commandant, d'aussi loin qu'il nous voit arriver.

— « Du sel, mon commandant. »

Mais déjà il a flairé les confitures.

— « Que vous êtes charmant ! docteur, me dit-il, en me serrant vigourousement les mains. C'est moi qui les distribuerai vos confitures ! et je vous assure que vous ne serez pas le plus mal servi. »

Le soir le commandant qui est allé à Metz nous dit qu'il tient du commandant S... un fait d'une importance énorme.

« Bazaine est allé dans la journée à Ars conférer avec le prince Frédéric-Charles. Le fait est donné comme officiel. »

« Tout cela est contraire aux règlements militaires, fait remarquer le capitaine M... et jusqu'à plus ample information je ne crois pas à cette démarche du Maréchal. »

Le commandant se montre aussi aimable que possible à mon égard. Il tient à faire oublier sa sortie d'hier....

— « Qui, docteur, j'arrive de Metz ! »

En même temps il me lance un de ces regards pleins de révélations.

« Oui, j'arrive de Metz ! »

— « Allons, mon commandant, je devine ; vous avez été sage ; on vous décernera le prix Montlyon. »

— « A ce compte-là il faudrait couronner tous nos soldats, fait le capitaine B... Ne se conduisent-ils pas tous comme des rosières ? »

— « Cela est vrai, répond le capitaine et sur ce point l'armée de Metz ne ressemble guère à l'armée d'Annibal. N'est-ce pas votre avis, docteur ? »

— « Oui, capitaine. Dans nos ambulances nous n'avons à traiter que des blessures par armes de guerre. »

19 SEPTEMBRE

M. N... et moi nous recevons l'ordre d'aller visiter à Metz cinq officiers blessés logés dans des maisons bourgeoises.

Deux d'entre eux reçoivent les soins de deux belles jeunes filles.

— « Vous autres chirurgiens, nous disent-ils, vous ne pouvez être mis en parallèle avec les femmes pour panser un blessé. »

Mon chef, bien qu'ayant doublé le cap de la cinquantaine, aime à plaisanter avec les jeunes gens.

— « Je suis de votre avis, leur répond-il, mais cela est certainement plus vrai si ces femmes sont jeunes et jolies. »

En rentrant au camp j'aperçois un groupe d'officiers et au milieu du groupe une femme tenant une note écrite au crayon.

Cette femme d'origine prussienne, domestique à Metz avant la guerre, est entrée à l'hôpital pour cause de maladie. Revenue à la santé et ne pouvant trouver à se placer à Metz où il est du reste très difficile de se nourrir, elle a demandé à retourner dans son pays.

Un laisser passer lui a été délivré par le commandant de place. Des officiers français de service au grand'gardes ont voulu profiter de cette occasion pour faire parvenir des lettres à leurs familles.

Arrivée aux avant-postes prussiens, au château de Ladonchamp, cette domestique n'a pu obtenir d'aller plus loin.

Elle revient avec une note dont voici le contenu ; je lui conserve ses tournures germaniques :

Monsieur !

Ayez la bonté de laisser repasser la nommée Marguerite Marx, parce qu'il est défendu à nous de ne laisser passer personne, aussi il est impossible d'expédier des lettres à Paris, toutes les routes étant occupées par nos troupes qui sont déjà à deux lieues de Paris.

Château de Ladonchamp,
19 septembre 1870.

Von SCHAL.
lieutenant.

J'entends dire par des officiers du régiment que les Prussiens ont essuyé un échec près de Montrouge, et par d'autres officiers qu'ils sont entrés à Paris sans coup férir.

D'après un bruit beaucoup plus vraisemblable et qui m'est donné comme certain par le capitaine B..., le roi Guillaume et Bismarck sont installés à Versailles ; toute l'armée prussienne est sous les murs de Paris. Le capitaine tient ces renseignements d'un chef de bataillon de la garde.

Les détails suivants sur la capitulation de Sedan me sont donnés par M. de R.... Il les a entendu raconter par M. Corny, lieutenant de cavalerie échangé contre un colonel prussien pris à Rezonville :

« Le maréchal de Mac-Mahon est compris « dans la capitulation. Il est à Bouillon, en Bel- « gique, soigné par la Maréchale. Une fois « guéri, il ira à Mayence se constituer prison- « nier.

« Onze divisions d'infanterie ont mis bas les « armes. La cavalerie a énormément souffert. « Trois généraux de division ont été tués : Mar- « guerite, Duhesme, Fénélon ; peut-être aussi de « Galliffet. »

20 SEPTEMBRE

A huit heures du matin, arrive vers nous tout ému le chef de musique du régiment.

« La paix est signée, messieurs ! »

« — Pas de plaisanterie. »

« — La paix est signée, vous dis-je, sans conditions. Le commandant N..., du 102e régiment, vient d'entendre affirmer le fait par le rédacteur en chef de l'*Indépendant*.

« — La paix est signée !! ô honte ! s'écrie le capitaine M.... La paix est signée !! et nous avons ici 150,000 hommes qui ne font rien. Eh bien ! Messieurs, ajoute-t-il, si le fait se confirme il n'y a plus qu'à désespérer de la France. »

« — Capitaine, lui dis-je, ne croyez pas à tous ces bruits. Ne voyez-vous pas là une manœuvre prussienne ? »

A Metz, je fais la rencontre de mon ami Pin....

« — Toi qui es médecin dans la garde, qui te trouves dans d'excellentes conditions pour connaître le vrai, que sais-tu ? »

« — Ce que je sais ? Le voici : L'armée de

Metz ira à Paris établir un gouvernement stable, une monarchie. C'est loin, comme tu le vois, de la paix aux conditions dont a parlé les jours précédents : Metz, Strasbourg, trois milliards. »

Je rentre de bonne heure au camp.

Le capitaine B..., lui, s'attarde à Metz. Nous en sommes à la fin de notre repas lorsqu'il arrive la tristesse peinte sur le visage.

« Quelles nouvelles, capitaine ? »

« Elles ne sont pas bonnes, Messieurs, écoutez :

« — Le prince Frédéric-Charles est proclamé roi de France. On lui donnera les provinces rhénanes comme don de joyeux avènement.

« La France paiera une rançon de trois milliards.

« — Laissez-nous donc avec toutes ces *balançoires*, réplique le commandant furieux ; il y a huit jours que des imbéciles s'amusent à les propager dans le camp. »

« — *Balançoires* si vous le voulez, mon commandant, mais tout cela me navre le cœur. Dînez, Messieurs, moi, je ne m'en sens pas le courage. »

21 SEPTEMBRE

Je passe la journée avec M. N.... Il me raconte ce qu'il vient d'apprendre chez le général Bourbaki.

« 1° Un lieutenant de grenadier de la garde, prisonnier à Ars, a pu franchir les lignes prussiennes. Pendant sa captivité, il s'est déguisé en paysan et a fait connaissance avec d'autres villageois. Une hotte sur le dos, il a vendu du pain aux Prussiens et s'est ainsi créé de très jolis bénéfices. Un jour, il a profité, pour s'évader, du moment où les Prussiens prenaient leur repas ; les voyant bien occupés, il a simulé un besoin; puis en rampant il a passé par un fossé destiné à l'écoulement des eaux.

« Si cet officier avait su l'allemand il aurait pu se mettre au courant des évènements. Il sait cependant que les Prussiens avouent avoir eu fort à faire à Gravelotte et à St-Privat. D'après lui aussi nous aurions eu un succès près de Montmorency. »

« 2° Un sous-officier de la garde est venu dire au général Bourbaki que si la garde disparaissait avec l'Empire, il ferait tout son possible pour entraîner ses camarades à agir dans le sens d'une restauration napoléonienne. »

Mon chef voit là le fait d'un soldat roué, voulant connaître les opinions politiques de son général.

22 SEPTEMBRE

Dans la nuit je suis appelé aux avant-postes pour donner des soins à un caporal français sur lequel un factionnaire français a fait feu.

Ce caporal est blessé à mort. Il n'a pas répondu au qui-vive, et ne s'est pas arrêté au mot de halte.

Il est trois heures du matin. Je reviens au camp en passant par Woippy.

Je sors à peine du village qu'une vive fusillade éclate du côté de l'ennemi ; des balles sifflent sur ma tête.

Au même instant j'entends, dans le lointain, du côté de Metz, le galop d'un cheval.

Tout-à-coup un cavalier passe comme l'éclair à côté de moi.

Il se dirige sur Woippy.

Je reviens sur mes pas pour le suivre.

« Qu'est-ce que c'est ?

« Que se passe-t-il là ? s'écria-t-il.

« Vite! cinquante hommes, dit-il à l'officier de garde. Ne voyez-vous pas que les Prussiens veulent prendre par surprise la ferme de St-Remy ?

« — C'est le général Gibon, me dit un sergent, et il ajoute : En voilà un qui ne s'en rapporte pas à son aide de camp ; il veut voir lui-même. »

« — Le général Gibon est en effet un foudre de guerre, répliquai-je ; je l'ai assez entendu vanter en Afrique. Les Arabes qui avaient appris à le connaître ne le désignaient que sous le nom de *Chitane-Djiboun* (diable Gibon). (1)

La fusillade devient plus intense, puis cesse tout-à-coup. On vient annoncer que les Prussiens sont repoussés.

Nos soldats ramènent un blessé, un hanovrien laissé pour mort par les siens. Il a une balle dans l'abdomen.

Le matin, en revenant au camp, je rencontre M. N... et mon camarade F.... Ils vont visiter les batteries élevées au-dessus de Woippy. Je me joins à eux.

« Tous ces travaux sont superbes, nous dit M. N..., mais est-il bien prouvé qu'il faille toute l'armée qui est sous Metz, pour défendre la place? 30,000 hommes ne seraient-ils pas suffisants ? Le surplus ne devrait-il pas percer les lignes et aller fournir des cadres aux armées qui, sans doute, se forment dans l'Intérieur ? »

(1) Le général Gibon fut mortellement blessé à la sortie du 7 octobre.

Le soir, je suis appelé pour donner des soins à un lieutenant d'artillerie. En l'abordant, je reconnais un des officiers qui, le matin, étudiaient le terrain près de Ladonchamp.

C'est là qu'il a reçu une balle dans le poignet. Je fais facilement l'extraction du projectile (1).

Hier et aujourd'hui, les forts St-Julien et Queuleu n'ont cessé de tonner (2).

23 SEPTEMBRE

A Metz je lis ce qui suit dans l'*Indépendant* :

« Un espion belge est venu confirmer l'échec des Prussiens près de Montrouge et de Montmorency ; il affirme même que le roi de Prusse a été pris à Versailles ».

M. N... à qui je demande ce qu'il pense de tous ces bruits, me répond. « Moi ! je ne crois à rien ! Tout cela est trop beau pour être vrai ».

Dans le numéro de l'*Indépendant*, imprimé à quatre heures, j'apprends que le *Figaro* du 18 et l'*Indépendance belge* du 20 ont été apportés par des prisonniers.

Voici quelques extraits de ces deux journaux:

« Un premier engagement de cavalerie sans importance a été livré sous les murs de Paris :

« Le roi de Prusse ne veut traiter qu'avec Napoléon III, l'Impératrice régente ou Bazaine.

« Bismarck consent à avoir une entrevue avec J. Favre pour traiter de la paix.

« Le blocus de la mer du Nord est déjà levé ».

Parral arrive tout fier pendant notre dîner ; il a tenu à nous faire une surprise agréable en

(1) Ce jeune officier devait mourir quinze jours après dans une des ambulances de Metz.

(2) C'était l'affaire de Lauvallier.

nous apportant des pommes de terre cuites sous la cendre.

— « Où les avez-vous trouvées, ces pommes de terre, lui demande le commandant ?

— « Dans un champ situé entre les Prussiens et nous, mon commandant. Nous étions plus de trente. Les balles pleuvaient autour de nous, mais personne n'a été touché.

24 SEPTEMBRE

M. de R... arrive du quartier général ; il y a appris que la République *rouge*, à Lyon, a jeté le commissaire du gouvernement dans le Rhône.

M. N... rapporte de Metz que 27 départements du Midi ont refusé de marcher, que 200.000 Bretons conduits par leurs curés sont en marche pour défendre Paris.

Ces mauvaises nouvelles jettent la consternation parmi nous. L'émotion nous serre à la gorge et la viande de cheval ne passe que difficilement.

Le commandant rompt le silence :

Comm. A... — « Ce qui me laisse un peu d'espoir c'est que Bazaine est canaille, et que dans une canaille se trouve presque toujours l'étoffe d'un grand homme ».

Capit. M... — « En effet, voyez Louis XI, voyez Cromwell, voyez Lacenaire au besoin ».

Capit. B... — « Il est triste toutefois d'être à la merci d'un gredin ».

Le commandant s'en prend à tout le monde de nos malheurs. Il ne fait même pas grâce à bon nombre d'officiers du régiment.

Comm. A... — « Notre colonel n'est-il pas assez maladroit ? N'est-il pas cause par sa myopie que la cavalerie prussienne nous a sabrés à Gravelotte ? »

Capit. B... — « Il est brave cependant ... Ne dit-on pas qu'il a eu trois chevaux tués sous lui ».

Comm. A... — « Sa bravoure je ne la nie pas. »

Capit. M. . « Ce que je lui reproche par dessus tout c'est de ne pas avoir obtenu pour le régiment le nombre de décorations auquel il pouvait prétendre ».

Comm. A... — « Et le lieutenant-colonel ? ».

Moi. — « Il me semble qu'il ne prête guère à la critique, mon commandant. Il était peut-être le seul à ne pas saluer les projectiles ».

Comm. A...—« Cela n'empêche pas que lorsque sa femme allait en soirée, elle se faisait précéder par sa mère. On annonçait Madame la baronne de X... et sa fille. C'était un moyen très-ingénieux d'éviter que le nom roturier de son mari ne fût prononcé ».

Moi. — « Est-ce là tout ce que vous avez à reprocher au lieutenant-colonel, mon commandant ? ».

Comm. A... — « C'est bien tout, je crois ».

Hilarité générale.

Comm. A... — « Croyez-vous qu'on n'aurait pas agi sagement en laissant le commandant S... en disponibilité ? Celui qui ne vaut rien en temps de paix ne vaut pas mieux en temps de guerre ».

Capit. B... — « Il s'est bien battu pourtant ; il a eu le bras fracassé par une balle ».

Comm. A...— « Avez-vous vu le capitaine Bri... à Gravelotte ? Il voulait tout enlever, tout tuer ».

Moi. « A mon avis il s'est fort bien conduit. Le lendemain de la bataille j'ai pu constater sur ses vêtements de nombreuses éraflures de balles ».

Comm. A... — « C'est un poseur, voilà tout ».

Capit. B... — « Il est réellement un peu trop vantard ».

Comm. A... — « Si un officier à trompé mon attente, c'est bien le lieutenant R... Il a commencé le combat en entonnant la Marseillaise, puis a coiffé son pouce d'un foulard pour disparaître presque immédiatement après ».

Moi. — Je l'ai en effet vu à l'ambulance, mais j'ignore quel est le chirurgien qui l'a pansé.

Capit. M... — « Il n'était pas blessé ! ».

Capit. B... — « Il a eu un remords, car il est bien vite revenu au feu et s'est bravement conduit le reste de la journée ».

A dix heures je prends congé de mes commensaux. Les critiques qu'ils viennent de faire de leurs camarades sont loin de me plaire. Aussi est-ce avec tristesse que je me rends sous ma tente.

A peine couché il me souvient qu'il y a quelques jours le commandant A... a été jugé sévèrement dans un groupe d'officiers du 101e, à tort, à mon avis. « Si l'on prenait ces braves gens séparément, dis-je à part moi, ils prétendraient tous que le 101e est le premier régiment de France. »

25 SEPTEMBRE

Dans l'après-dînée, un grand nombre d'officiers se trouvent réunis au milieu du camp.

La conversation roule sur l'établissement du futur gouvernement.

« — La République s'imposera certainement, disent la plupart.

« — La République! s'écrie le capitaine de R... que sa naissance rattache à l'ancien régime, la République! Jamais elle ne prendra pied en France, je puis vous l'affirmer.

« Vive Henri V! messieurs. Voyez ce qui se passe sous votre République! Personne ne se lève dans l'intérieur; on massacre les honnêtes gens.... La République!! mais elle pactiserait au besoin avec les Prussiens. »

« — Cher camarade, répond le capitaine B..., ne confondez pas anarchie avec République, ni Félix Pyat avec Cavaignac. »

La discussion s'anime et prend même une pointe d'aigreur.

Je constate que beaucoup d'officiers jadis bonapartistes ne le sont plus.

Depuis quinze jours au moins j'entends répéter que les Prussiens défendent à leurs soldats de tirer sur nos généraux.

On devine pourquoi, facétie de troupiers.

Aujourd'hui on fait le pot-au-feu avec une eau puisée à une source légèrement salée.

Le sel manque, manque même pour les officiers.

26 SEPTEMBRE

L'*Indépendant* publie la proclamation de Victor Hugo aux Français. Elle est tirée de l'*Indépendance belge* du 20.

Pendant le déjeuner, le commandant me dit qu'il a un renseignement à transmettre à son frère; mais ce frère qui est colonel d'état-major est campé à Montigny.

« — Vous m'obligeriez, docteur, en prêtant votre cheval à mon soldat pour faire cette course. »

Parral, un malin, m'a prévenu dès le matin; il s'était entretenu avec l'ordonnance du commandant.

« Monsieur le major, votre cheval ne tient pas debout, m'a-t-il dit, il n'a plus que la peau et les os; vous savez combien j'ai de peine à le nourrir avec des feuilles d'arbre. Le soldat du commandant s'en est servi, il y a trois jours, et l'a ramené à moitié fourbu. Ne le prêtez pas, je vous en prie. »

De ma place j'aperçois ma pauvre bête. Ce n'est plus le coursier aux formes plantureuses et aux jarrets d'acier, c'est une misérable rossinante.

La demande du commandant reste sans réponse.

« — Mettez-le dans une châsse, votre cheval! On fera en sorte de s'en passer. »

Même silence de ma part.

Je ne peux pas dire au vieux grognard que son soldat est un gredin. Il n'est guère prudent de lui apprendre qu'au Hâ... et à C... ce filou trafiquait de l'avoine de son cheval, et que pendant ma captivité, à St-Privat, il s'était approprié mes couvertures.

Je vais passer quelques heures à Metz. J'y rencontre M. N.... et M. de R.... Ils m'apprennent que le général Bourbaki est parti en mission. Mon chef ne me donne aucune explication sur un fait d'une aussi grande portée, soit par discrétion, soit parce qu'il ne sait rien lui-même.

En revenant de Metz, je ne trouve au camp que le capitaine B.... Il me dit que le commandant a regretté sa violence.

Canonnade des forts Queuleu et St-Julien. (1).

(1) Souvent, pendant le siège, on entendait le canon des forts; nous ignorions presque toujours la cause de ces canonnades.

27 SEPTEMBRE

Dans la matinée, le canon gronde dans la direction du fort Queuleu.

Vers midi, je reçois l'ordre de me rendre au village de Woippy avec une paire de cantines d'ambulance.

La 2e division Levassor-Sorval est en avant soutenue par d'autres troupes.

Les habitants du village se retirent sous Metz.

Bientôt le combat s'engage. L'artillerie couvre Ladonchamp de projectiles ; les mitrailleuses sont de la partie.

« Ça va bien, me dit un troupier, on se sert des *moulins à café.* »

En moins d'une demi-heure, le château est tourné, pris, mais les Prussiens en incendient une partie avant de l'évacuer.

J'installe une ambulance près de l'église de Woippy, chez les sœurs de la doctrine chrétienne.

Ces dames sont pleines d'affabilité, elles se mettent à ma disposition pour traiter les blessés.

Mais que vois-je ?

Un soldat se roule par terre. On me raconte qu'au premier coup de feu il a trouvé bon de simuler la folie. Il ne répond à aucune de mes questions.

Je le traite très durement.

« — Grâce! Monsieur, grâce pour lui. Je vous en prie, monsieur, épargnez ce malheureux. »

C'est une jeune sœur. Elle a vingt ans, je pense. Elle est d'une rare beauté.

« Grâce! Monsieur, grâce!

J'avise une sœur plus âgée. Elle est la supérieure de l'établissement. Il y a quelques instants, j'ai cru remarquer en elle une grande énergie.

« — Que feriez-vous de cet homme, madame, si vous aviez à vous prononcer sur son sort ? »

« — Je le ferais fusiller, monsieur ».

La jeune sœur ne peut comprendre tant de sévérité ; elle pleure à chaudes larmes. Sur ces entrefaites entre l'aumônier. Je lui expose ce qui se passe.

« — Que feriez-vous de cet homme, monsieur l'abbé ? »

« — Je le ferais fusiller. »

Les sanglots de la sœur redoublent.

Que faire ?

Elle est jeune, elle est belle, elle pleure ; je suis homme, je suis Français, j'épargne le lâche.

Je panse une vingtaine de blessés et j'extrais cinq balles.

Je fais plus ample connaissance avec l'aumônier.

Quelle énergie sous cette soutane ! « Pourquoi ne troue-t-on pas, me dit-il ? Voilà que nous n'avons plus de chevaux valides ; voilà que nous allons être obligés de percer sans artillerie. A quoi pense donc Bazaine ? La trouée ! la trouée ! »

Les bonnes sœurs m'invitent à venir les revoir. Je n'y manquerai pas.

Du côté de Queuleu l'attaque a été plus sérieuse qu'à Ladonchamp, où l'on s'est borné à faire quelques prisonniers et à charger trente voitures de paille.

Le lieutenant-colonel du 101e nous raconte que des wagons blindés, chargés de troupes et de mitrailleuses ont été dirigés sur Peltre.

Les troupes arrivées sur le lieu indiqué se sont déployées et ont permis d'effectuer le chargement du train. La prise, dit-on, a été bonne. (1).

A dix heures, je suis réveillé par une canonnade assez vive dans la direction de Queuleu. Le bruit est sourd et lointain, c'est le canon prussien.

28 SEPTEMBRE

Le départ du général Bourbaki donne lieu à bien des commentaires. Voici à ce sujet un bruit que je ne recueille qu'à cause de sa singularité :

Après un conseil de guerre tenu par les chefs de corps d'armée, le général Bourbaki aurait provoqué Bazaine. Celui-ci l'aurait fait enfermer dans la maison des aliénés de la ville.

Le capitaine de R... rapporte de Metz les nouvelles suivantes :

« Un armistice est convenu dès aujourd'hui. Les communications seront rétablies à partir du 5 octobre.

« L'armée partira le 12 octobre pour Paris.

« La paix sera signée aux conditions suivantes :

« La France paiera deux milliards et donnera en garantie Strasbourg et Metz: car, disent les Prussiens, le gouvernement qui va sortir des élections n'approuvera peut-être pas ces conditions. »

Certains officiers trouvent que la paix peut être signée à ce prix.

(1) Le canon du fort Queuleu avait protégé nos soldats dans l'affaire de Peltre.

Pour moi, je ne puis m'empêcher de dire qu'on ne devrait pas traiter du tout, quoi qu'il arrive.

Je n'ai rien appris concernant ces bruits de paix, bien qu'en revenant de Montigny je me sois arrêté deux heures à Metz.

Le lieutenant du C... arrive sous ma tente à trois heures. Il m'apporte les nouvelles suivantes :

« Toul a été pris le 24 septembre.

Le prince Frédéric-Charles a fait dire il y a trois jours à Bazaine que si l'armée française continuait à vouloir faire des sorties, il brûlerait tous les villages situés autour de Metz. »

En effet, hier dans la nuit, on a pu voir l'incendie des grandes et des petites Max.

« Bazaine et Canrobert reçoivent journellement de nombreuses lettres anonymes ; ils y lisent qu'il est possible de faire une trouée, et qu'on ne comprend pas l'inaction de l'armée.

« Les sorties sur Lauvallier, Peltre et Ladonchamp n'ont été faites que pour donner satisfaction à l'opinion publique.

« On soupçonne Bazaine d'entrer en pourparler avec l'ennemi. Que signifierait sans cela la mission du général Bourbaki.

« La conduite équivoque du général en chef, l'inertie de la France, l'anarchie annihilant les secours que pourraient envoyer les grandes villes, tout contribue à jeter l'armée dans le plus grand découragement. » (1)

Dans la soirée je rends visite à M. N....

— « Désespérez-vous de la France, vous aussi, me dit-il ? »

— « Non, j'espère encore. »

(1) Nous ignorions que Gambetta organisait la défense.

— « A la bonne heure ! Vous verrez que nos vœux se réaliseront.

« Si le socialisme, ajoute-t-il, s'est montré assez lâche, assez hideux pour arrêter le mouvement national, je lui voue à partir d'aujourd'hui la haine la plus implacable.»

Au même instant arrive le colonel. Il nous apprend qu'on rappelle les rations données en réserve il y a un mois, et que pour ce motif on ne distribuera pas de vivres pendant trois jours.

29 SEPTEMBRE

Monsieur de R... vient nous dire qu'il connait le but de la mission du général Bourbaki :

« Il se serait abouché à Meaux avec le roi de Prusse et deux représentants du gouvernement provisoire, pour aller de là prier l'Empereur de vouloir bien abdiquer en faveur de Napoléon IV. L'armée de Metz appuyerait le nouvel ordre de choses ! ».

— « On se trompe si on nous prend pour des prétoriens, s'écrie avec colère le capitaine M... Soutenir une famille qui a causé la ruine de la France ! Jamais ! ! »

Canrobert a reçu hier tous les officiers supérieurs du 6e corps, nouvellement promus. Le lieutenant-colonel H...(1) et le commandant L..., tous deux récemment nommés au 101e se trouvaient à cette réunion. Ils ont entendu le maréchal prononcer les paroles suivantes :

« Les affaires vont sous peu de jours s'arranger. Les négociations sont ouvertes. Nous en serons pour de l'argent et plaie d'argent n'est

(1) M. H... remplaçait le lieutenant-colonel K..., grièvement blessé à St-Privat.

pas mortelle. L'armée de Metz sortira avec les honneurs de la guerre ».

— « Les honneurs de la guerre ! belle consolation ! s'écrie M. N... en apprenant cette nouvelle, Bien joué, messieurs les chefs de corps ! On accorde à votre armée les honneurs funèbres, et cela vous suffit ! Eh bien ! à moi, cela ne suffit pas. Je jure qu'une fois sorti de Metz je me ferai naturaliser Suisse ou Belge ».

— « Bravo ! docteur, bravo ! ».

C'est le capitaine C..., le fils d'un colonel du 1er Empire, un grognard comme son père, qui applaudit au serment de mon chef.

En ce moment un jeune sous-lieutenant me glisse ces mots à l'oreille :

« C'est le moment de faire monter le capitaine C... à l'échelle. Il nous donnera un instant de distraction. Attaquez, docteur ».

— « Capitaine, donneriez-vous votre fille à un militaire ? ».

Il est père d'une fille aussi vertueuse que belle, pour laquelle ont soupiré bon nombre d'officiers du régiment.

— « Ma fille à un soldat ! ! Je ne l'accorderais pas à un militaire, eût-il des bottes à l'écuyère montant jusqu'au ..... »

— « Dans ce cas, capitaine, je puis pour mon compte . . . .

— « Ma fille ! je ne l'accorderais pas à un maréchal de France, quand il se présenterait avec *sa trique*.

« Nom de D... s'em...-t-on ici, s'écrie-t-il hors de lui. Ah ! le bon diable que celui qui me sortirait de cette prison ».

— « Alors, capitaine, vous consentiriez à capituler ? ».

— « Moi, capituler ! Quand je devrais en crever cent fois, je ne me rendrai pas. Vive celui qui me sortira d'ici, mais qui m'en sortira par la bonne porte! ».

A quatre heures je me rends avec M. N... aux avant-postes près Ladonchamp.

Le maréchal Canrobert s'y trouve; il étudie la position. Une des Max brûle encore. Il ne peut contenir son indignation et prononce quelques paroles peu flatteuses pour les généraux ennemis.

Avant de remontrer à cheval il nous aborde!

— « Bonjour, Messieurs les docteurs. Les temps sont durs, n'est-ce pas ? ».

Comme Pandore nous répondons. — « Monsieur le maréchal, vous avez raison ».

En rentrant au camp nous rencontrons le colonel du génie, directeur des fortifications, c'est un ami de M. N...

« Il nous dit que si on l'avait consulté on n'aurait pas chanté que tout était prêt.

« Depuis le début des hostilités ce qui a été fait comme travaux à Metz tient du prodige.

« On a heureusement donné comme garnison un régiment du génie au fort Queuleu, la clef de Metz. Les sapeurs ont beaucoup travaillé ».

En quittant le colonel, M. N... s'ouvre à moi. Il croit tout possible, même une restauration Napoléonienne.

— La cause première de nos malheurs est l'immoralité des chefs, me dit-il :

« Qui paiera le tout ? ajoute-t-il. Le pauvre troupier qui, lui, meurt sans gloire et sans profit. »

30 SEPTEMBRE

Le lieutenant du C... nous arrive du quartier général avec une ample moisson de renseignements :

« Bazaine a fait part hier à son entourage de la reddition de Strasbourg.

« Bourbaki doit rentrer aujourd'hui. Les Prussiens ont 200.000 hommes sous Metz et 250.000 hommes sous Paris.

« On raconte que les paysans, entre la frontière et Paris, font un mal énorme à l'ennemi

« Les 17, 18 et 19 septembre se sont livrés des combats sanglants sous les murs de la capitale. Vinoy aurait pris douze canons.

« On annonce qu'une grande victoire française, postérieure à ces trois journées, a été remportée à quelques lieues de Paris ».

Nous sommes nombreux autour du jeune aide de camp. Grâce aux bonnes nouvelles qu'il nous apporte, les conversations s'animent et prennent un air de gaieté auquel nous ne sommes plus habitués. L'horizon nous semble moins sombre, et nous commençons à espérer.

— « Si nous consultions le sort, nous dit en riant le lieutenant V... » et en même temps il lance en l'air un sou.

« Pile ? ».

C'est pile. Succès final ! !

VII — METZ (Octobre)

1er OCTOBRE

Aujourd'hui, on fait une souscription dans l'armée au profit des pauvres de Metz.

A trois heures, on répand le bruit que Trochu a complètement battu les Prussiens près d'Etampes. On va jusqu'à dire qu'il disposait de 7,000 bouches à feu. L'armée ennemie, coupée de l'armée principale, est rejetée sur Reims.

Nous sommes très-méfiants, et pour cause, aussi tout en faisant des vœux pour que ces bruits de victoire se confirment, nous n'osons pas y croire.

Les officiers se réunissent par groupes au milieu du camp. Les plus exaltés voient déjà les Prussiens en retraite et énumèrent avec feu les difficultés qu'ils rencontreront pour rejoindre la frontière.

Nous apprenons que le maréchal Lebœuf est le premier qui ait répandu la bonne nouvelle.

Le capitaine C... ne peut contenir sa joie : « La France est donc enfin sortie de sa torpeur ! s'écrie-t-il. Les mânes des vieux de la vieille ont dû en tressaillir ! Ah ! mon père, tu dois être content !

« J'espère bien, ajoute-t-il, que l'on décorera les 300 zouaves qui ont refusé de mettre bas les armes à Sedan, et que l'on fusillera les officiers généraux qui ont capitulé. »

« Moi, s'écrie à son tour le capitaine M..., je fusillerais également les officiers qui sont rentrés en France après avoir prêté le serment de ne pas servir durant toute la campagne ».

Quelques officiers me disent que l'armée se révolterait certainement si jamais Bazaine songeait à se rendre.

On a remarqué hier de grands mouvements de troupes dans l'armée prussienne. On les explique de trois manières ;

1° Les Prussiens font souvent changer leurs troupes de campement.

2° Ce serait un piège pour nous attirer.

3° Ils iraient au secours de l'armée battue.

On dit, et la nouvelle vient d'un intendant, qu'il y a des vivres à Metz pour deux mois encore.

Canrobert s'était donc trompé le 13 septembre.

A minuit je suis éveillé en sursaut par le caporal d'infirmerie du 102e. Il m'apporte un ordre ; il faut partir à l'instant même avec le régiment pour le village de Woippy.

J'y suis à peine arrivé que le colonel de G... me fait connaître le but de cette prise d'armes.

« Il s'agit de s'emparer de Ladonchamp par surprise, me dit-il. Le 25e marche le premier ; il est soutenu par le 70e, le 102e, le 26e et le 28e etc. ».

2 OCTOBRE

A minuit éclate une vive fusillade sur le château de Ladonchamp. Quelques minutes après on entend des cris lointains et confus : cris de détresse ou cris de victoire ?

L'anxiété est grande dans le village.

A trois heures après minuit, nouvelle fusillade.

J'installe l'ambulance dans une grange. Les blessés n'arrivent pas. J'essaie de dormir sur la paille préparée pour eux. J'ai compté sans des myriades de rats et de souris, qui courent tantôt sur mes mains, tantôt sur mon visage. Il m'est impossible de fermer les yeux.

A l'aube on amène des blessés. Ils me racontent les phases de l'attaque.

« A minuit nos soldats se sont élancés sur le château en poussant des cris et l'ont emporté d'assaut.

« A trois heures les Prussiens sont revenus à la charge, mais ils ont été repoussés.

« Des tranchées-abris ont été creusées à partir de ce moment, aussi un retour offensif de l'ennemi n'a-t-il pas eu plus de succès ».

Je panse vingt blessés. Ils appartiennent au 25e et au 70e.

Deux soldats de ce dernier régiment attirent mon attention. Ils se sont mutilés eux-mêmes en se faisant sauter les deux dernières phalanges de l'indicateur de la main droite. Les coups ont été tirés à bout-portant ainsi qu'en témoignent des incrustations de poudre. L'un de ces malheureux me dit, sans que je lui demande rien, qu'il a mis de la poudre sur sa blessure pour arrêter l'hémorrhagie. Il a l'air surpris que je ne le croie pas.

Quelques instants après je rencontre le colonel du 70e. Je lui fais part de ce qui s'est passé. Il entre dans une violente colère.

Le 25e a perdu son lieutenant colonel, M. R... et le commandant S... récemment sorti du 102e.

Les bonnes sœurs de la doctrine chrétienne viennent m'offrir leurs services. Elles n'ont pas oublié ma visite du 27 septembre.

Je revois également l'aumônier. Il ramène la conversation sur l'inaction de Bazaine.

« Soyez persuadé que le maréchal fait fausse route, me dit-il. Il ne pêche pourtant pas par ignorance, puisque tous les jours il reçoit de nombreuses lettres anonymes ; il peut y lire que l'armée est mécontente du rôle qu'on lui fait jouer et que les habitants de Metz le soupçonnent de trahison ».

« Moi, ajoute le brave aumônier, je lui écris tous les jours et je signe. Je lui donne les meilleures raisons du monde pour lui dessiller les yeux, je lui rappelle que le général Dupont en Espagne aurait mieux fait de combattre que de se rendre ; que le jugement de l'histoire sera plus sévère pour lui, Maréchal de France commandant à 150,000 hommes, que pour le lieutenant de Napoléon 1er, qui ne disposait que de 20,000 hommes. »

Tout en causant nous arrivons vers sa demeure. Elle est située sur le penchant d'une colline, dans la direction du fort Plappeville.

« Voulez-vous voir le camp prussien, me dit-il ? Montez par cette échelle »

Du toit de sa maison nous apercevons en effet Ladonchamp et derrière le château l'emplacement qu'occupe l'ennemi.

Vers midi j'entends une forte canonnade dans la direction du St-Quentin.

Au dire de beaucoup d'officiers l'occupation de Ladonchamp serait une très mauvaise affaire. Nous nous sommes placés en flèche, tandis que de ce côté nos ouvrages étaient bien protégés.

A six heures les Prussiens bombardent le

château, incendient la ferme de Bellevue et une partie du village de St-Rémy.

Bourbaki n'est pas encore de retour. On en induit que la paix ne sera pas signée de sitôt.

Je lis dans un journal de Metz que la victoire d'Etampes, dont il a été question les jours précédents peut-être regardée comme réelle. Elle a été remportée par l'armée de la Loire et non par l'armée de Paris.

3 OCTOBRE

En déjeunant aux avant-postes j'entends rapporter des faits scandaleux.

« 1° Canrobert a fait charger une voiture de paille au village de St-Rémy, pour ses chevaux; l'opération terminée il a défendu à quiconque d'en prendre le plus petit fétu. »

Ainsi que les officiers qui m'entourent je crois que l'on calomnie le Maréchal.

2° « Un capitaine de la garde est entré dans un accès de colère bleue, parce qu'on disait devant lui qu'il ne fallait pas songer à une restauration napoléonienne. »

3° « Bazaine entretiendrait des relations avec l'ennemi ».

A une heure j'entends le canon sur Ladonchamp.

A deux heures la canonnade devient plus vive.

Impatient de connaître la cause de tout ce bruit je cours à Metz. J'y rencontre M. de R ..

« Hâtez-vous de retourner au camp, me dit-il ; les Prussiens font un mouvement contre Ladonchamp et votre régiment sera probablement de la partie ».

De retour devant *les Ponts* je trouve le 102° consigné ; il attend.

A trois heures les voltigeurs de la garde passent à côté de nous pour se rendre sur le théâtre du combat.

Le colonel du 101e se promène tout rêveur au milieu du camp. Je l'aborde.

— « Que pensez-vous de la situation, mon colonel ?

— « J'espère que nous allons faire une trouée, docteur. Ainsi on vient de donner quatre jours de vivres aux hommes en rappelant, il est vrai, les deux jours de vivres donnés il y a longtemps déjà ».

Hier me trouvant à Woippy un capitaine d'artillerie avec qui je causais des chances que nous pouvions avoir de percer les lignes prussiennes m'a répondu qu'il ne fallait songer à emmener ni une voiture, ni un canon ; qu'à ces conditions 50,000 hommes sur 80,000 pourraient échapper à l'ennemi.

Dans la soirée un commandant du 102e me dit que les Prussiens ont abandonné Paris et sont déjà à Epernay. « Un chef de bataillon du génie, ajoute-t-il, a dansé de joie en apprenant cette bonne nouvelle ».

L'avenir nous apprendra si ce revirement de la fortune, que laisse du reste entrevoir un journal de Metz, a quelque fondement.

4 OCTOBRE.

Les journaux de Metz sans rien présenter comme officiel donnent cependant d'excellentes nouvelles :

« Les armées de Lyon, de Nantes auraient complètement battu les Prussiens entre Etampes et Fontainebleau. Leur armée serait vivement poursuivie jusqu'à Château-Thierry, disent les uns, jusqu'à Epernay, disent les autres. Ils auraient perdu 50.000 hommes. Les armées de Nantes et de Lyon auraient commencé l'attaque. A la fin du deuxième jour Trochu serait venu décider la victoire ».

— « Les nouvelles sont bonnes, nous dit en déjeunant le commandant A... : J'ai rencontré à Metz un officier de la garde qui a eu bien de la peine à me faire son récit ; il était fou de joie. Il venait d'apprendre à l'état-major général que les Prussiens avaient été brûlés dans la forêt de Sénart. Des bûcherons voyant l'ennemi engagé sur un terrain dont ils connaissaient le plus petit sentier ont allumé un incendie avec du pétrole ».

— « On devrait les décorer tous, ces braves bûcherons, s'écrie le capitaine M... ».

Le commandant A... a en outre appris à Metz que le maire d'Ars et son adjoint ont été passés par les armes. Le garde-champêtre qui, lui aussi, était compromis, a été épargné.

« Ces trois citoyens avaient ourdi un complot. Ils devaient amener le prince Frédéric-Charles à Metz.

« En les voyant dans les meilleurs termes avec le prince on chuchotait dans le pays que c'étaient des transfuges ... et les malheureux ne songeaient alors qu'à sauver la France !

« Voici, dit-on, une conversation tenue par le prince et le maire dans un repas.

— « On raconte, Monseigneur, que vous avez perdu 50.000 hommes ».

— « 50.000 hommes, non ! 20,000 hommes seulement ».

— « On dit aussi, Monseigneur, que vous avez reculé de vingt lieues. »

— « De vingt lieues, non ! de deux lieues seulement. »

Au café parisien un sergent-major du génie raconte qu'il a entendu tenir au maréchal Lebœuf le propos suivant :

« Les nouvelles sont si bonnes qu'on n'ose les donner. »

Dans la soirée le lieutenant d'état-major Th... rapporte que Bazaine a prononcé devant lui les mêmes paroles.

Un corps d'armée prussien a, dit-on, quitté Metz pour se diriger sur Paris.

La plupart des officiers ne croient pas à tous ces bruits de victoires. L'affaire de Sedan n'avait-elle pas été présentée comme une victoire française ?

On lit dans les journaux que les élections ont dû avoir lieu en France, dimanche dernier, 2 octobre.

On répète au camp que trente-quatre généraux de l'armée de Sedan ont été destitués.

5 OCTOBRE

Les journaux de Metz ne confirment pas les bonnes nouvelles d'hier.

Le commandant A... tient de son frère, colonel d'état-major, que demain le 2e corps fera mouvement. A peine suis-je avec lui depuis quelques instants qu'un capitaine de mobiles l'aborde en lui disant : « Nous ne pourrons nous voir au rendez-vous de dimanche, puisque demain tout le monde fera mouvement.

Ce propos survenant après celui du colonel A... me fait croire que demain sera enfin le jour de la délivrance.

Le photographe Fietta me dit, au moment où je lui achète une carte des environs de Metz:

« Vous croyez Bourbaki en mission ? Il n'en est rien. Il a donné sa démission pour ne pas servir la République. Ce bruit est accrédité en ville. Vous saurez, ajoute-t-il, que Garibaldi arrive à notre secours à la tête de 200,000 hommes.

Dans la soirée notre lieutenant-colonel dit tenir de l'interprète de Bourbaki qu'une voiture a été envoyée aux avant-postes pour ramener le général.

En dinant nous entendons le canon du côté de Ladonchamp.

6 OCTOBRE

A sept heures du matin, mon ancien caporal d'infirmerie, le fourrier Blanchard vient me communiquer l'ordre suivant :

« Envoyer à l'hôpital et au petit dépôt tous les hommes traités soit à l'infirmerie, soit sous la tente ».

« Cet ordre est significatif, me dit le capitaine M... Nous allons sans doute trouer. »

Sur un effectif de 1,400 hommes, 50 hommes sont à l'infirmerie ; ils sont logés dans une grange, couchés sur de la paille.

Je préside tout d'abord à une distribution de vin. Dix hommes refusent leur ration: « le vin ne nous *recherche* pas, disent-ils ». Ils sont trop malades.

La distribution achevée je leur adresse ces paroles :

« Mes amis, nous allons bientôt, cette nuit peut-être, faire la percée. J'ai reçu l'ordre d'en-

Tous, monsieur le major. tous, etc.

voyer les impotents à l'hôpital. Les plus valides sortiront avec nous. Que ceux qui veulent se battre lèvent la main ».

En ce moment se passe sous mes yeux une scène que je n'oublierai jamais.

« Tous, monsieur le major, tous » et trois pauvres diables qui ne peuvent se tenir debout rampent vers moi en levant des mains suppliantes.

« Non, non, leur dis-je ; ce serait un crime que de vous laissez sortir ; restez à Metz, vous y serez bien traités ».

J'en laisse dix, les dix qui ont refusé leur ration de vin.

Rien d'aussi poignant que le désespoir de ces braves garçons.

Dans la matinée le canon tonne du côté de Ladonchamp.

De une heure à trois heures la canonnade est très vive aux forts St-Quentin et Flappeville.

A quatre heures un fourrier vient nous communiquer verbalement l'ordre de nous tenir prêts à partir d'un moment à l'autre.

— « Caillebote — (c'est le nom de notre cuisinier) ; — « préparez le dîner pour cinq heures. Il ne faut pas être pris au dépourvu.

— « Oui, mon capitaine ».

— Docteur, revêtez votre tunique n° 1.

« Rappelez-vous votre embarras à St-Privat. Qui sait quand vous pourrez revoir votre cantine ? ».

— Compris, capitaine ».

Et le brave capitaine M... continue à se multiplier pour assurer les préparatifs du départ.

« Bazaine se décide enfin à sortir, nous dit le commandant A... Il aurait mieux fait d'agir plus tôt. Nos chevaux sont mangés ; il ne faut pas songer à emmener une pièce de canon ».

« Les biscuits n'arrivent pas vite, fait remarquer le capitaine B... car, je l'espère bien, on ne s'embarquera pas sans biscuit.

— « Quel sera mon rang de bataille, mon commandant »?

— « Vous vous placerez au milieu. Ils ont de la chance ces médecins ! A la queue ou au milieu, toujours loin des endroits où il fait chaud ».

A six heures arrive M. M... Il nous apprend que le général de division ne dînera qu'à six heures et demie.

L'ordre apporté à quatre heures par un fourrier nous a été mal transmis. Il fallait se tenir prêts à partir ; on ne précisait pas.

Dans la soirée la plupart des officiers du bataillon se trouvent réunis auprès de ma tente. Ils tempêtent fort sur la façon de donner les ordres au 101e.

« Quoi qu'il en soit, dit le capitaine M..., nous avons reçu l'ordre de nous tenir prêts. Que la trouée se fasse cette nuit ou bien la nuit suivante, peu importe. Elevons nos cœurs à la hauteur des circonstances. Sursum corda ! ».

Chacun applaudit aux paroles du brave officier. La joie brille sur tous les visages.

« Qui sait combien d'entre nous seront morts ou prisonniers demain à pareille heure, dit M. N...? »

Cette réflexion de mon chef jette un froid dans le groupe. Nous nous séparons, non sans avoir échangé de chaudes et vigoureuses poignées de main.

La nuit se passe fièvreuse.

Le commandant A..., dont le ronflement sonore ne m'a pas laissé une bonne nuit depuis quarante jours, se tourne et se retourne sur sa peau de mouton. Il prononce des mots articulés :

« Bazaine n'arrive pas vite...

« S'il y avait contre-ordre?...

« Il faut s'attendre à tout...

« On ne peut cependant pas tromper toute une armée. » . . . .

7 Octobre

Le matin, nous n'apprenons rien concernant le départ.

La conversation s'engage sur l'ordre de la veille.

« A quoi bon donner l'ordre du départ quarante-huit heures à l'avance? fait remarquer le commandant A.... Comme pour les sorties des 26 et 31 août, les Prussiens auront le temps de se préparer. »

« Bazaine est réellement un drôle de général en chef, dit le capitaine M.... Personne ne peut se vanter de l'avoir vu dans le camp. Pas une visite à Metz ! pas une revue ! pas un ordre du jour ! pas un mot de consolation aux blessés ! Vous avouerez, Messieurs, que ce n'est pas là le moyen de relever le moral du soldat. »

A midi, nous apercevons un grand mouvement dans le camp de la garde.

« C'est le départ! C'est le départ! s'écrient nos soldats. »

Une heure après un combat d'artillerie s'engage derrière Ladonchamp.

« C'est la garde qui est chargée d'ouvrir le passage, dit le commandant A... »

A trois heures, le canon se tait et nous ne recevons pas d'ordre.

« Si la garde recule, pourquoi ne pas la faire soutenir par le 6e corps ? s'écrie le capitaine M... Bazaine va-t-il renouveler Servigny ? »

A quatre heures, nos soldats accourent en masse sur la route de Woippy. Il veulent voir défiler de nombreux prisonniers que ramènent les régiments de la garde.

Ils sont tous frais, gros et gras, au nombre de 600, dit-on, et pour la plupart du Schlessvig Holstein et du grand Duché de Posen.

« Quand ils auront huit jours du régime de Metz, ils n'auront pas si bonne mine, fait le capitaine B..., et il ajoute : voilà des gens qui se disent Danois, Polonais, comme pour faire appel à notre amitié. Pour moi, je crois qu'ils sont bien de vrais Prussiens. »

Hier, le canon des forts St-Quentin et Plappeville a répondu avec succès à quelques batteries prussiennes établies au *Point du Jour* et à Rozérieulles.

L'ennemi voulait incendier le village de Lessy.

M. N... m'apprend dans la soirée que le général Bourbaki n'est pas encore de retour. Il a vu ses officiers d'ordonnance dans la journée.

« Pourquoi, leur a-t-il demandé, le bruit s'est-il répandu que la voiture du général avait été conduite aux avant-postes ? »

« Les domestiques ne la soignait pas convenablement et c'est pour les forcer à la nettoyer en rentrant, répond en plaisantant le commandant Leperche. »

8 Octobre

A dix heures, on ne sait pas encore à quoi s'en tenir sur les pertes essuyées par les Prussiens. Les nôtres sont sérieuses : 160 tués et 1.200 blessés.

« Comprenez-vous, me dit M. N..., qu'on fasse massacrer tant d'hommes pour quelques voitures de paille ? Bazaine n'a aucune envie de sortir. Ah ! le sang versé inutilement à Servigny, à Peltre et à Ladonchamp doit l'étouffer.

« A propos, ajoute-t-il, le neveu du général Bourbaki a été blessé mortellement, il a eu le crâne ouvert par un éclat d'obus. Pauvre enfant ! Je le connaissais beaucoup. Gare ! quand le général rentrera, si jamais il rentre. Il adorait le fils de sa sœur.

« Savez-vous ce que je pense du départ de Bourbaki ? continue M. N..., Bazaine l'a fait sortir parce qu'il voyait en lui le seul homme capable de lui résister et de contre-carrer ses volontés. »

Du C... m'apporte les renseignements suivants :

« 1° Les députés élus le 2 octobre se réuniront à Toulouse dans quelques jours.

« 2° Les Prussiens se sont avancés jusqu'à Angers. Ils se sont aussi emparés des hauteurs de Villejuif et du parc de Montretout.

« 3° 160 prisonniers rendus hier par les Prussiens donnent de bonnes nouvelles des combats livrés sous Paris. »

Pendant les quinze derniers jours de septembre et les sept premiers jours d'octobre nous avons joui d'un temps superbe. Aujourd'hui la pluie tombe à torrents.

Pendant la soirée, le commandant A... et le capitaine M... devisent agréablement et épuisent leur répertoire de bons mots. N'est-ce pas le moyen de réagir contre le chagrin qui nous envahit? Je leur viens en aide dans la mesure de mes forces. Les Marseillais, comme toujours, ne sont pas ménagés.

Aujourd'hui le mauvais temps nous a empêchés de nous rendre à Metz. Nous n'avons pas lu les journaux.

9 OCTOCRE

A neuf heures le 101e reçoit l'ordre de se rendre à Ladonchamp. Il est à peine à moitié chemin qu'arrive le contre-ordre. Les hommes rentrent trempés.

A trois heures le régiment reçoit un nouvel ordre de départ. Une demi heure après arrive un nouveau contre-ordre.

« Ils sont fous, ma parole d'honneur ! s'écrie le capitaine M... en faisant sécher ses vêtements autour d'un grand brasier.

On lit dans les journaux quelques détails sur le siège de Strasbourg, sur sa capitulation.

On y lit également que Bismarck a été blessé à la mâchoire, que des prisonniers français faits à Strasbourg et échangés depuis, ont entendu parler de la bataille d'Etampes.

M. N... me dit tenir de bonne source que les Prussiens ont pris Bicêtre, Montrouge, Vanves, Issy.

La pluie ne cesse de tomber pendant toute la journée. Etendu sur ma peau de mouton je lis *Madame Thérèse* d'Erkmann-Chatrian. Que de rapprochements cette lecture fait naître en moi !

10 OCTOBRE

Il est dix heures. Le lieutenant du C... arrive sous ma tente, une note à la main. Il a puisé les renseignements suivants à l'état-major général :

« A partir d'aujourd'hui on ne donnera plus que 500 gr. de pain et 500 gr. de cheval.

« Aujourd'hui même la ration de pain est réduite à 300 gr., et la ration de viande est portée à 750 gr.

Sur trois jours on distribuera deux rations de sucre et café et une ration d'eau-de-vie.

On ne donne plus de sel depuis deux jours. La ration a d'abord été de 5 gr., puis a été réduite à 2 gr. 50.

« On ne donnera plus de riz.

« A partir d'aujourd'hui on vend à Metz :

« Le lard, 500 gr.	8 fr.	00
« Le beurre 500 gr.	15	00
« La viande, le bœuf, 500 gr.	5	00
« Le vin, le litre	1	75
« Les œufs, la douzaine	8	50
« Les oignons, 500 gr.	2	75

« Le pain et le cheval sont taxés :

« Le pain, 500 gr.	0	25
« Le cheval, bas morceaux, 500 gr.	0	10
« Id. moyens morc. 500 gr.	0	50
« Id. le filet	1	00

« Les civils ne peuvent acheter le pain et le cheval que munis d'une carte délivrée par le maire et indiquant le nombre de personnes composant la famille.

« Un radis se vend................	0 fr.	10
« Un poulet........................	10	00
« Un gigot..........................	50	00
« L'eau-de-vie, le litre..............	8	00
« La graisse, on n'en trouve qu'à grand peine, 500 gr............	10	00

Le soir en faisant ma couverture, besogne facile au camp, mon ordonnance me raconte confidentiellement que dans certains régiments les hommes ont refusé de répondre à l'appel et que bon nombre de soldats pleurent de faim.

— « Cela se passe-t-il au 101e, Parral ?

— « Non, Monsieur le major ».

— « Ce sont des mensonges, Parral. Ne répétez à personne ce que vous venez de me dire. Ceux qui propagent ainsi de fausses nouvelles, seront certainement fusillés ».

Le bruit rapporté par mon soldat me semble de mauvais augure.

Il a plu le matin. Le soir il fait un superbe clair de lune, mais le froid est vif.

11 OCTOBRE

En me rendant à Metz je rencontre mon confrère Comminal. Bien que flegmatique à l'ordinaire il ne peut me cacher son émotion.

— « Une grande nouvelle, mon ami » !

— « Quelle nouvelle ? Parlez ».

— « Non, allez à Metz et vous verrez que tout y est sens dessus dessous »,

A peine suis-je dans la ville que j'aperçois sur le pont de ..... un chirurgien de petite taille, courant plutôt qu'il ne marche. Il arrive sur moi comme une bombe.

— « **Sauvés !** Monsieur ; nous sommes sauvés ! et c'est la canaille qui nous sauve ! et ce sont les voyous qui viennent nous délivrer !

— « Quelle canaille ? quels voyous ?

— « Je viens d'apprendre, monsieur, que la population de Paris s'est levée en masse et qu'elle à écrasé les Prussiens. Il y a du reste une dépêche. Où est-elle ? Je la cherche.

« Mais vous ne m'êtes pas inconnu, ajoute-t-il ; n'étiez-vous pas sous mes ordres au choléra d'Alger en 1865 ? »

— « C'est bien moi, monsieur ».

Comme il est exalté cet ancien maître ! lui que j'ai connu si calme et si débonnaire ! Que j'ai de peine à retrouver sur ce visage qu'empourpre la joie, la placidité et la bonhomie d'autrefois !

« Au revoir, mon ami, me dit-il en me pressant fièvreusement les mains, au revoir. Je cours au Ban St-Martin. J'y trouverai certainement la dépêche ».

A quelques pas de là je fais la rencontre de mon camarade de promotion Cros.

— « Bonnes nouvelles ! me dit-il ».

— « Parle, parle vite ! ».

— « On vient de me dire qu'un des prisonniers de Strasbourg a remis à un officier un bout de billet froissé sur lequel on pouvait encore lire : bonnes nouvelles de Paris ».

Mais voici Goguet qui arrive au pas de course, Goguet dont les joyeux couplets égayaient nos noces d'étudiants.

— « Que sais-tu ? ».

— « Une grande victoire ! mes amis ».

— « De grâce ! précise ! ».

— « Je ne le puis. Je cherche la dépêche ».

Tout à coup du lieu où nous sommes nous apercevons un grand mouvement. Soldats et Messins entourent un caporal.

« Lisez », lui crie-t-on de toutes parts. Gros, Goguet et moi, nous nous frayons de vive force un chemin à travers la foule. Nous demandons à lire la dépêche, car il s'agit bien de la fameuse dépêche.

« Je l'ai copiée sur un chiffon de papier que tenait un officier, nous dit le caporal ; lui-même l'avait copiée je ne sais où ».

« Lisez, lisez », crie la foule.

« Trois victoires devant Paris. 180.000 hommes hors de combat. L'armée prussienne en retraite sur Châlons. Les francs-tireurs des Vosges et de la Franche Comté ont repris Lunéville. Ils marchent sur Nancy. Communications coupées.

« Que Metz tienne bon ».

Signé : BAZAINE.

La ville est dans la plus grande animation. Telle une fourmilière sur laquelle vient de tomber une proie. De nombreux groupes se forment ; on se répète la bonne nouvelle.

Dans l'état de défiance extrême où sont les esprits, pleins de vertige et malades, les choses sont crues justement en proportion du miraculeux et de l'absurde dont elles les saisissent.

Je quitte Metz à la hâte, pour rentrer au camp. « On va m'étouffer à la popote ! dis-je à part moi ».

La première personne que je rencontre sur mon chemin est le docteur Comminal.

Du plus loin qu'il m'aperçoit : « C'est un affreux canard ! mon ami. Nous sommes roulés ! Je sors à l'instant de l'état-major général ».

En passant devant l'ambulance du 6e corps

j'aperçois M. Jaillard, mon ancien professeur du Val-de-Grâce.

« Bazaine ignore tout cela, me dit-il. Il va faire poursuivre l'auteur de la fausse nouvelle. Je sais la vérité par un intendant et par M. Cuveillier, médecin en chef du 6e corps ».

Du C... vient passer quelques instants sous ma tente dans la soirée. Il rapporte du quartier général les renseignements suivants :

« L'affaire du 7 octobre a été entreprise pour tâter le passage.

« Depuis quelques jours Bazaine ne songeait qu'à percer et ne voyait la chose possible que du côté de Thionville.

« A la suite de son insuccès et des pertes considérables de cette journée il a réuni un conseil de guerre qui s'est tenu hier 10 octobre.

« A l'unanimité la trouée a été reconnue impossible. Les généraux d'artillerie et de cavalerie ont déclaré que les chevaux seraient incapables de marcher un jour.

« Bazaine fait savoir que les forces prussiennes autour de Metz sont encore de 220,000 hommes et que les points les mieux défendus sur la route de Thionville sont Maizière et Richemond.

« Depuis hier il n'y a plus de farine, mais on va installer cinq moulins. En attendant on donnera du pain fait avec du blé grossièrement broyé.

« Il y a encore dix-huit jours de vivres pour tout le monde et une ration d'eau-de-vie tous les trois jours pendant le même temps.

« Depuis trois jours on fait 80,000 rations de viande de cheval en vingt-quatre heures. On les tasse dans de petites boîtes en fer blanc. C'est le manque de boîtes qui retarde cette préparation.

« La Prusse organise un nouveau corps de 75,000 hommes.

« Un capitaine de chasseurs à pied a répandu le bruit que Trochu avait été assassiné et que Bourges était occupé par les Prussiens ».

12 OCTOBRE

Aujourd'hui on peut lire sur tous les murs de Metz le communiqué suivant :

« Le maréchal commandant en chef l'armée du Rhin n'ayant reçu aucune nouvelle affirmant les heureux faits de guerre qui se seraient passés à Paris, se borne à en souhaiter la réalisation et assure les habitants de Metz que rien ne leur est caché : qu'ils aient donc confiance dans sa loyauté !

« Du reste jusqu'à ce jour le Maréchal a toujours communiqué à l'autorité militaire de Metz les journaux français ou allemands tombés entre nos mains. Il profite de l'occassion pour assurer que depuis le blocus il n'a jamais reçu la moindre communication du gouvernement ; malgré toutes les tentatives faites pour établir des relations.

« Quoi qu'il advienne, une seule pensée doit en ce moment absorber tous les esprits, c'est la défense du pays ; un seul cri doit sortir de toutes les poitrines :

Vive la France !

« Ban-St-Martin, le 11 octobre 1870 ».

L'aide-major Pingaud de la garde a entendu aujourd'hui même son colonel affirmer le fait suivant :

« Au moment où un officier de chasseurs à pied, prisonnier à Mayence et ramené à Metz, passait à Lunéville, le chef de gare lui a glissé à l'oreille ces quelques mots : « Tout va bien à Paris. Tenez bon à Metz ».

Mon camarade tient d'un intendant qu'il y a assez de vivres pour prolonger la défense jusqu'au cinq novembre. Il m'apprend également que quelques officiers ont trouvé un moyen de conserver la viande de cheval. On entassera cette viande dans les casemates et on y créera une atmosphère qui empêchera toute fermentation.

Avant de retourner au camp j'entre chez un libraire pour me procurer un journal.

— « Vos journaux ont été rudement épluchés, lui dis-je, » en voyant de nombreuses lignes de points.

Un homme que je ne connais pas s'avance et prend part à la conversation.

— « Bientôt on supprimera tout ! me dit-il ; mais j'écrirai quand même et je dirai toute la vérité. Nous sommes trahis ! ! ! ..... J'en serai quitte pour quinze jours de prison.

— « Ce sera un honneur pour vous, Monsieur ».

— « On enlèvera Coffinière s'il le faut, continue-t-il. Du reste l'armée ne consentira jamais à capituler et déjà la garde nationale proteste en masse.

— « Puis-je savoir, monsieur à qui... ?

— « Je suis le rédacteur en chef de l'*Indépendant de la Moselle* et sous peu de jours vous apprendrez que je suis sous les verroux.

Dans la soirée M. N... vient me visiter sous ma tente. Il est d'humeur sombre ;

Nous sommes trahis ! me dit-il. Avant-hier il y a eu conseil de commandants de corps d'armée. Tous ont été d'avis qu'il fallait capituler. Voilà les hommes que l'Empire nous à légués ! ..... C'est la queue de l'empire !

« Et puis savez-vous que le général Urich a capitulé dans le sens d'une restauration napoléonienne malgré l'avis des notables ? J'avoue que tout ceci me semble inexplicable en voyant la faveur dont ce général a été l'objet de la part des Parisiens.

« Et à Metz ! continue mon chef, quelle honte ! On baillonne la presse. L'*Indépendant* avait osé dire que nous étions trahis et que nous marchions à grands pas vers une ignominieuse capitulation. Tout cela a été supprimé.

« Qu'avez-vous pensé de la fameuse bonne nouvelle du 10, dit-il en me quittant ? Pour ma part je n'y ai pas cru un instant ».

13 OCTOBRE

L'*Indépendant* nous donne les nouvelles suivantes par la *Post* du 29, journal de Berlin :

« Le ministre de l'intérieur transmet au préfet de Lille, à la date du 23 septembre, que des combats glorieux pour nos armes ont eu lieu sous les murs de Paris ; combats de Villejuif, de Clamart et quelques autres petits engagements.

« La *France* parle d'une victoire où il y aurait eu 12,000 morts et 30,000 blessés. La *Post* fait observer que la dépêche française parle de 40,000 Prussiens engagés et que 30.000 plus 12.000, font plus de 40.000.

Aujourd'hui la pluie est froide. Le vent souffle par rafales et le séjour sous la tente n'est rien moins qu'agréable.

« Entendez-vous, docteur ? me dit le capitaine M.....

C'est le commandant A... qui bougonne.

« N... de D... s'écrie-t-il, je vais me f... un peu de ceux qui nous commandent.

« Caillebote ! allez demander au jardinier voisin s'il veut nous vendre les planches qui sont devant sa maison ».

Le fidèle serviteur revient tout joyeux. Le marché est conclu pour cinquante francs. Ce prix est tout simplement exorbitant.

En moins de trois heures dix hommes choisis parmi les charpentiers et les menuisiers du bataillon nous construisent une baraque.

Mais Caillebote est cuisinier, ses yeux se sont arrêtés chez le jardinier sur des tas de choux et de carottes.

— « Monsieur le major, me dit-il, il y a bien longtemps que nous ne mangeons que du cheval, si vous vouliez ..... ».

« Allez, mon ami, et achetez le tout, si vous le pouvez. Ce soir nous ferons une surprise au commandant et au capitaine ».

Le souper est servi dans la baraque, mais, ô malheur ! de nombreuses gouttières nous forcent à rentrer sous la tente du commandant pour y achever notre repas.

— « Cailllebote, combien avez-vous payés ces choux et ces carottes ? ».

— « Trois francs le chou et quinze centimes la carotte, mon commandant ».

— Les voleurs ! cela ne me surprend pas. Le vieux et sa vieille me lancent quand je passe des regards obliques qui me déplaisent ».

— « Ils ont peut-être raison, après tout, fait le capitaine M... Ne piétinons-nous pas ce pauvre jardin depuis cinquante jours ? et Dieu sait si un jardinier aime son jardin ! ».

14 OCTOBRE

D'après les journaux de Metz les populations lorraines et Alsaciennes sont convaincues que l'armée prussienne est en retraite et que les batailles d'Etampes et de Montmorency sont de grandes victoires françaises.

Le lieutenant Martin, le nouveau porte-drapeau du régiment, sort de l'ambulance; il y a été traité jusqu'à aujourd'hui pour le coup de Solère qu'il reçut dans la soirée du 16 août (1). Il va faire partie de notre popote. D'après lui on raconte à Metz que les francs-tireurs menacent Pont-à-Mousson et qu'on a entendu le canon dans cette direction.

Cette bonne nouvelle nous laisse froids. Nous ne voulons plus croire à rien.

Les journaux allemands que nous traduit notre lieutenant-colonel, aussi bien que les journaux de Metz, représentent les populations en France comme animées du plus ardent patriotisme. Elles harcèlent l'ennemi. Les femmes mêmes font le coup de feu.

Aujourd'hui il y a grand émoi à Metz. On a affiché sur les murs : à bas Bazaine ! vive Ladmirault !

Les gardes nationaux ont fait une grande démonstration hier dans la soirée. Ils se sont de nouveau réunis aujourd'hui sur la place de l'hôtel-de-ville. Dans leur exaltation ils ont hissé un drapeau sur la statue de Fabert et ont placé une couronne sur sa tête.

(1) Voir page 33.

Ils ont fait imprimer une proclamation à l'adresse de l'armée dont voici à peu près le contenu :

« Les habitants de Metz veulent lutter jusqu'à la dernière extrémité. Ils sont décidés à supporter toutes les privations. Le mot honteux de capitulation ne doit jamais être prononcé ».

Le maire et des officiers ont pris la parole et sont parvenus à faire dissiper les groupes.

« Enlevez-le ! enlevez-le ! criaient les femmes à leurs maris. A l'eau Coffinière ! ».

Je tiens tous ces détails du capitaine M... qui arrive de Metz.

« Voulez-vous savoir, nous dit en déjeunant le capitaine, quels sont les griefs que reproche la population de Metz à Bazaine et à Coffinière ? Les voici, tels du moins que j'ai pu les recueillir :

« 1° Ces deux généraux ont tort de garder le plus rigoureux mutisme.

« 2° L'armée ne part pas et les Messins voudraient la voir tenter la trouée, se disant assez forts pour défendre leur ville. Ils auraient alors assez de vivres pour permettre à Metz d'être secouru.

« 3° Ils soupçonnent Bazaine de vouloir capituler et même de trahir.

« 4° Ils lui reprochent de ne pas avoir engagé sérieusement la partie le 31 août et le 7 octobre ».

« Il faut distinguer dans la population de Metz, répond le commandant A... les bons citoyens, et ce sont les plus nombreux, des voyous et des braillards qui se trouvent dans toutes les villes. Les premiers ne veulent se rendre à aucun prix. Les seconds disent bien qu'ils se défendront, mais ils aspirent surtout après le moment où ils seront débarrassés de la guerre ».

J'arrive à Metz à deux heures. L'effervescence de la population est calmée, en apparence du moins.

A la brasserie bavaroise je lie conversation avec un capitaine du génie.

Voici en résumé ce qu'il me dit :

« Bazaine a eu tort de ne pas faire partir notre cavalerie le 16 août.

« Il a à se reprocher la perte de la bataille du 18 août : ce jour là la garde est restée sur place deux longues heures quand elle aurait pu si facilement empêcher le mouvement tournant sur notre droite.

« Nous sommes commandés par des vieillards, des gens repus d'honneurs. Ils ont fait preuve d'une incurie et d'une inhabileté sans exemple. Pourquoi dès le commencement du siège ne pas avoir occupé une circonférence plus grande? Les forts Plappeville, St-Julien et la place de Thionville battent avec leurs grosses pièces un espace de quatorze kilomètres, la moitié de la distance qui sépare les deux villes.

« Dans ces conditions une trouée de ce côté aurait certainement été couronnée de succès, mais il fallait de l'audace et les jeunes gens seuls peuvent en avoir.

« Tout finira bien. Metz, sans aucun doute sera pris par les Prussiens, mais dans trois mois, avant peut-être, nous serons les assiégeants. Si la France se lève en masse, les Allemands ne pourront tenir. Malheureusement les querelles intestines qui agitent Metz sont en petit ce qui doit se passer dans l'intérieur.

« Paris n'est pas l'objectif de l'ennemi ; il ne songe pas à le prendre. C'est une grande diversion pour arriver à s'emparer de Metz. Du reste les environs de Paris ne se prêtent pas à la grande guerre : partout des parcs, des routes encaissées, bordées de haies.

« Le clergé en France devrait prêcher la guerre, car en réalité la lutte actuelle est la lutte du protestantisme et du catholicisme.

Et à propos de Sedan il ajoute : « J'étais partisan de l'Empire, mais l'empereur n'ayant pas combattu à outrance, ne s'étant pas fait tuer, a réellement déserté. Si comme Jean le Bon il avait été pris les armes à la main on aurait dit : il a été malheureux, trompé par son entourage, etc., etc., et peut-être qu'aujourd'hui la France, au lieu de le maudire, ne verrait en lui qu'une victime ».

On parle beaucoup au camp de l'agitation de Metz. Les soldats qui grossissent tout disent Bazaine en prison. Par contre Bourbaki aurait été mis en liberté.

M. N... tient du commandant Leperche que le général Bourbaki s'est présenté aux avants-postes pour rentrer, mais qu'ayant dépassé les délais qui lui avaient été accordés, on l'avait éconduit.

15 OCTOBRE

Boum ! boum ! boum ! Je me réveille en sursaut. C'est le canon. Il est quatre heures.

— « Entendez-vous, mon commandant » ?

— « J'entends parbleu bien ! c'est une bataille ! debout ! debout ! ».

En moins d'une demi-heure le régiment est prêt à marcher.

— « C'est dans la direction du St-Quentin, s'écrie le capitaine B... ».

— « Non, c'est sur le Plappeville, et à une distance de plus de dix lieues, répond le capitaine M... ».

— « C'est une grande bataille en tout cas, dit le commandant A... La France s'est enfin décidée à nous envoyer une armée de secours ».

M. N... m'aborde. Ce n'est pas sans raison que les officiers du régiment l'ont surnommé Ulysse ; il en possède la sagesse.

« Si c'était un piège pour nous attirer au dehors afin de nous écraser, me dit-il. Les Prussiens n'ont-ils pas simulé un bombardement le 9 septembre ? ».

Chacun court un peu à l'aventure. Le camp est bigarré d'uniformes de toutes armes.

L'anxiété est grande, anxiété mêlée d'espoir.

— « Ce sont peut-être des francs-tireurs, disent les uns ? ».

— « Et pourquoi pas une école à feu, font remarquer des officiers d'artillerie ? ».

M. N... et moi nous nous dirigeons du côté du Ban St-Martin. Là, pensons-nous, nous aurons des renseignements de première main. Chemin faisant nous apercevons à quelques pas de nous un officier déjà âgé, qui de la main gauche agite son képi, et de la main droite voudrait arracher les quelques cheveux blancs qui lui restent. C'est le général de Becquet de Sonnay.

« Que je voudrais, nous dit-il, connaître la cause de cette canonnade ! Quels remords cuisants pour l'avenir, si nous avons manqué de tendre la main à des frères, à des gens qui, peut-être, se font écraser en ce moment en venant nous secourir !

« Et le maréchal ne dit rien ! et le maréchal ne fait rien dire ! »

Le général nous reconnaît : il se rappelle nous avoir vus le 31 août à la ferme de Châtillon.

Au même moment, la canonnade diminue d'intensité, puis cesse tout à coup.

Le vieux brave, un peu remis de son émotion,

engage familièrement la conversation avec nous. Il parle longuement à M. N... du siège de Sébastopol — ils y étaient l'un et l'autre — il continue à discourir : « la guerre n'est plus la guerre, nous dit-il, c'est une industrie. La victoire est à celui qui inventera les plus fortes machines. Les Prussiens ont des canons qui portent à 8,000 mètres.

« Il revient sur Bazaine, lui reproche son silence, non seulement dans le cas présent, mais aussi dans maintes autres circonstances.

« Ah ! dit-il en nous quittant, il a commis une bien grosse faute ; elle lui sera certainement reprochée : le 16 août il aurait dû faire partir toute sa cavalerie. »

Dans l'après-dînée, en me promenant sur la route de Woippy, avec quelques officiers, je fais la rencontre de deux Messins. Ils viennent de Ladonchamp où ils ont rendu visite au colonel de G..., leur cousin. « La concordance dans l'opinion des villageois sur la canonnade est frappante, nous disent-ils. Ainsi, pour tous les habitants de Woippy, le canon a d'abord été entendu sur Gorze et le combat s'est terminé dans la direction de St-Privat. Ils ont entendu des détonations de mitrailleuses. »

M. Goguel, que nous n'avons pas vu depuis plusieurs jours, arrive au camp à quatre heures. Il nous annonce que les corps Frossard et Lebœuf ont reçu l'ordre de marcher.

A sept heures, je reçois l'ordre d'aller passer vingt-quatre heures à Ladonchamp. L'aide-major que je remplace et qui est déjà de retour au camp s'apitoye sur mon sort. « Quelle mauvaise journée vous allez passer, me dit-il ; les obus pleuvent là-bas comme grêle. »

A peine ai-je dépassé le village de Woippy qu'un orage éclate. L'obscurité est complète. Je m'égare. Heureusement les obus en éclatant m'indiquent l'endroit où je dois me rendre.

Je passe la nuit devant un feu superbe, brûlant dans une cheminée monumentale, en compagnie du colonel de G... et d'un capitaine adjudant-major ; ce dernier s'occupe à compter les obus qui nous arrivent dans un temps donné.

La conversation s'engage sur le siège, sur Bazaine, sur les journées des 16 et 18 août.

Le colonel a des larmes dans la voix en voyant la France si abaissée, si humiliée.

Il est minuit. Le sommeil va nous gagner lorsque mes yeux s'arrêtent sur les armes des Ladonchamp gravées sur la platine avec cette devise : Concussus, resurgo.

— « Bazaine devrait bien s'inspirer de cette devise, mon colonel. »

— « Le maréchal fera la trouée, docteur, cela ne se discute pas ; il ne peut pas se déshonorer. Il sortira, mais sans canons. La moitié des chevaux est mangée et le reste ne tient pas debout. »

Le colonel de G... est gentilhomme ; s'il en a les défauts, il en possède les qualités. C'est un brave et il aime son pays.

J'essaie en vain de prendre un peu de repos. Comment dormir avec la perspective d'un obus effondrant la voûte de la salle ?

16 Octobre

Il fait beau temps. Le bombardement continue. Je ne puis résister au désir de visiter le château de Ladonchamp.

Tous les toits sont percés à jour ; les tourelles, les corniches ne tiennent plus ; des glaces superbes sont émiettées sur les parquets ; partout des débris : c'est une belle ruine.

Malgré le sifflement des obus, je me risque jusqu'au dernier étage.

Sur une des murailles d'une vaste pièce, un artiste allemand a laissé un souvenir. Napoléon III ventripotent et fléchissant sur ses genoux s'apprête à enjamber le Rhin.

Nez de corbin ; longues moustaches cirées relevées en croc ; gibus déformé autour duquel s'enroule un crêpe ; habit dont les basques traînent à terre et laissent passer un long tuyau de pipe ; bottes à l'écuyère armées d'éperons gigantesques. Le caricaturiste n'a rien oublié.

Sa Majesté porte sur son dos un sac avec cette inscription : liberté.

De la main droite, Elle rend son épée dont la poignée est en forme de canne. De la main gauche, Elle tient un sac de voyage.

La France est un immense cimetière recouvert de croix.

Du côté de l'Allemagne, on lit : Deutchland — Liberté.

Tous les officiers du 102e veulent voir cette pochade. D'un avis unanime, son auteur a un réel talent.

Le lieutenant-colonel du régiment a entendu dire à Metz qu'on avait attiré les Prussiens dans le faubourg St-Antoine et qu'on les y avait massacrés.

D'autres racontent que Trochu s'est canonné avec Rochefort et que le fort d'Issy a été pris par l'ennemi.

A deux heures, le colonel de G... reçoit une note du quartier général dans laquelle on lui ordonne de veiller à ce que les hommes aient leurs vivres de réserve et de voir si les effets de harnachement ont été versés toutes les fois que les circonstances l'exigeaient. La réponse doit être faite à cinq heures.

« C'est quelque chose qui se mitonne, disent les officiers. Nous allons trouer. »

On raconte que les Prussiens, pour expliquer la canonnade d'hier, disent qu'une de nos villes avait besoin d'une petite leçon.

Serait-ce Verdun ou Thionville ? (1)

A Ladonchamp, les soldats prussiens font tout pour attirer nos hommes à leurs avant-postes. Hier, quatre fantassins du 102e ont cédé à la tentation. Ils ont reçu cigares et saucissons. Deux se sont complètement grisés et malgré tous les efforts faits pour les retenir, se sont enfuis du côté de Metz. On les a tués en les poursuivant à coups de fusil.

Pendant mon séjour au château, j'aperçois distinctement les Prussiens montrant des bidons, faisant des tas de pommes de terre, puis se retirant, comme pour inviter les nôtres à s'avancer.

Grâce aux ordres sévères donnés le matin et à la surveillance exercée, personne ne dépasse plus la ligne des francs-tireurs.

Le colonel rend compte dans son rapport de ce qui s'est passé.

Que veulent les Prussiens ? Evidemment questionner nos hommes après les avoir grisés.

(1) C'était le bombardement de Verdun.

17 OCTOBRE

Du C... vient nous voir vers midi. Il nous dit que Canrobert est *à la trouée* depuis quelques jours. Mon jeune ami tient le fait d'officiers qui approchent de très près le maréchal. Nous ne serons plus ici dans huit jours.

Le général Boyer qui est parti en mission depuis huit jours doit rentrer d'un jour à l'autre.

A Metz je me trouve avec mon camarade de promotion Saurel.

« La capitulation est signée, me dit-il ; hier la réunion des chefs de corps a été orageuse. Le général Desvaux a même prononcé ces mots : ici il y a un traître ».

D'autre part mon confrère Chauvin m'affirme qu'on doit percer dans la nuit.

Au café Parisien je lie conversation avec un jeune capitaine du 60e.

Il tient de son général de brigade que la capitulation est signée aux conditions suivantes :

« L'armée se retirera derrière la Loire avec serment de ne pas servir de trois mois ».

A mon retour au camp le capitaine B... me dit connaître cette nouvelle mais avec cette variante :

« L'armée prêtera le serment de ne pas servir de six semaines. Un fort de Metz sera livré aux Prussiens ».

Le 101e va passer la nuit à Ladonchamp.

Notre cuisinier Caillebote revient au camp vers dix heures. Il me réveille en sursaut en criant : « Monsieur le major, la paix est signée ! ce sont des soldats prussiens qui ont dit la chose à nos hommes aux avants-postes ».

Cette nouvelle, même apportée par un cuisinier, me fait réfléchir.

Voilà donc, me dis-je, la raison pour laquelle nous n'entendons plus le canon depuis hier, ni chez nous, ni chez l'ennemi.

18 OCTOBRE

Je suis appelé de grand matin chez le général de division. Il est indisposé. Comme il me parle familièrement, je prends la liberté de lui demander si la paix est signée.

« On ne traitera, me répond-il, que si les Prussiens sont repoussés ou bien quand ils auront pris la ville ». Je le crois sincère.

A peine l'ai-je quitté que trois coups de canon tirés par le Plappeville disent assez le cas qu'il faut faire des bruits de paix de la veille.

A deux heures je vois arriver du C... la tête basse. Il doit nous apporter de bien mauvaises nouvelles.

« Le général Boyer et de retour depuis hier à trois heures après-midi.

« L'armée de la Loire a été complètement détruite à Arthenay.

« Les Prussiens sont à Bourges et vont se rabattre sous Tours.

Aucune province n'a voulu reconnaître le gouvernement de Paris.

« La Normandie a appelé les Prussiens. Ils sont mêlés aux gardes nationaux au Hâvre et à Rouen.

« Gambetta et de Kératry ont quitté Paris en ballon.

« Bismarck dit que Jules Favre est un homme d'une rare nullité. Cette avocat ne voulait-il pas que la paix fût conclue en donnant aux Prussiens Soissons comme garantie ! Le chancelier regrette les quatre heures qu'il a passées à l'entendre.

« Il préfère Gambetta ».

Une heure après le colonel nous confirme ces nouvelles.

« Pactiser avec l'envahisseur ! Les lâches ! » Ce cri, s'échappe de toutes les poitrines. Un sombre désespoir nous saisit. Nous courbons la tête.

La honte plane sur le camp. Ce ne sont qu'imprécations contre la France, contre la France qui nous abandonne.

— « Nous voilà donc au niveau de l'Espagne et au-dessous de l'Italie, s'écrie le commandant A... pendant le dîner. Il ne faut désespérer de rien, mes amis ! Bientôt nous aurons des pronunciamentos ? Hé ! qui sait si Bazaine n'est pas de connivence avec l'ennemi pour en faire un ? ..... Plus de patriotisme ! ..... trop de partis ..... Ma parole d'honneur ! on se croirait au temps où les provinces guerroyaient entre elles ».

« Vous dites vrai, mon commandant, répond le capitaine B... La France est bien malade. Les races latines sont en pleine décadence ».

— Où est l'élan de 92 ? s'écrie à son tour le lieutenant M... et se ravisant : « nos pères n'avaient-ils pas la Vendée ? ».

— « A propos de l'apogée et de la décadence des peuples, fait remarquer le capitaine M..., n'avons-nous pas été grands sous Louis XIV et bien petits sous Louis XV ? N'avons-nous pas monté sous la Révolution et le premier Empire pour redescendre aujourd'hui? La France a encore trop de forces vives pour succomber et j'espère bien ne pas mourir sans avoir vu des jours meilleurs ».

Dans la soirée de nombreux officiers viennent nous rendre visite, entre autres le capitaine C...

« Vous qui notez tout ce qui se passe ici, me dit-il, vous n'avez pas dû recueillir de belles pages ces jours-ci ! Que doit dire l'ombre du vieux colonel C... si elle voit de pareilles infamies ! Ah ! docteur, continue le vieux brave, je sens couler dans mes veines le sang de mon père et je pleure en voyant la défaillance de la France ».

19 OCTOBRE

Il pleut. Le temps est à la tristesse, au désespoir.

— « La trouée est impraticable, dit le plus grand nombre ».

— « Et pourquoi trouer, et pourquoi se faire tuer, répondent quelques-uns ? Dans quel but ? Pour quel résultat ? La France fait-elle le moindre effort pour nous secourir ?

Plusieurs officiers et entre autres M. N... émettent l'idée qu'après avoir fait sauter les forts et les fortifications de Metz on devrait fondre tête baissée sur l'ennemi.

Le biscuit fait sa première apparition à la popote, mais tous nous avons encore une ration de pain.

« S... N... est-il dur ! s'écrie le commandant A... ».

« Voulez-vous échanger votre biscuit contre ma ration de pain, mon commandant?

— « Très volontiers, docteur » et son visage de s'épanouir.

— « Je n'oublierai pas, ajoute-t-il, le service que vous me rendez en ce moment, et que vous continuerez à me rendre, si vous le voulez bien, jusqu'à la fin du siège. Toutefois mastiquez prudemment. Si mes mâchoires sont aujourd'hui complètement démantelées, cela tient à ce qu'elles ont trop broyé de biscuit en Afrique et en Cochinchine.

20 OCTOBRE

Il pleut. . . . .

Hier et avant hier, sous l'influence des nouvelles rapportées par le général Boyer, la colère a atteint son paroxysme.

En apprenant la défaillance de la France, son abandon, la plupart avaient eu un moment de désespoir et la capitulation leur paraissait moins honteuse ; mais aujourd'hui les esprits reprennent leur assiette. On peut en juger par la conversation suivante :

Capit. M... — « Capituler ! capituler ! Ce serait tout simplement honteux ».

Comm. A... — « Non, Bazaine n'osera pas se rendre. Il se déshonorerait et avec lui son armée ».

Moi. — « C'est en vain qu'on chercherait dans l'histoire des situations analogues à celle-ci ».

Capit. M... — « Si Bazaine capitule, il est certain qu'il sera fusillé. S'il y a des juges à Berlin, il s'en trouvera à Paris ».

Comm. A... — Fusillé ! Allons donc ! c'est le supplice du soldat. Il ne serait pas digne d'une balle. On le pendrait.

Lieut. M... — On le pendrait, mon commandant ! vous voudriez donc qu'il eût une dernière ..... ? !!

Comm. A... — Allons ! je vous devine, ces jeunes officiers ont réponse à tout.

Capit. M... — Le supplice de Damiens ou la camisole du forçat, voilà tout ce qu'il mériterait.

Caillebote (cuisinier) — On devrait lui couper les paupières et l'exposer au soleil.

Comm. A... — « Taisez-vous, imbécile. Qui m'a f... un cuisinier qui se mêle à la conversation des officiers !

Entre temps arrive M. N... « Messieurs, nous dit-il, je soupçonne Bazaine et son ami Boyer de tramer quelque chose de honteux ; et me prenant à part : cher ami, je tiens du commandant Leperche, officier d'ordonnance de Bourbaki, qu'il se passe en ce moment des choses inouïes : Bazaine a des pourparlers avec l'ennemi ».

21 OCTOBRE

Le temps est à la pluie...

M. N... vient nous rendre visite dans la journée. Il nous apprend qu'un ordre de la division prescrit de se tenir prêt à partir le 23 ou le 24.

« On raconte que la France est en pleine anarchie, nous dit-il, mais je n'en veux rien croire :

« Ainsi le bruit court à Metz, et paraît-il, il émane de source sûre, que la tranquillité règne à Paris, que les provinces du Midi sont fédérées et reconstituent une armée qui va bientôt peut-être faire pencher la balance en notre faveur. »

Les officiers arrivent en foule autour de mon chef. Au régiment, on l'apprécie et on le regarde comme un homme de bon conseil.

Quelques mots, Messieurs, s'écrie-t-il alors, quelques mots seulement :

« Y en a-t-il parmi vous qui songent à se rendre ?

« Non, non, jamais !

« Bravo, mes amis. Nous vaincrons, mais il faut de l'audace, encore de l'audace, toujours de l'audace. »

Au moment de nous séparer, nous entendons répéter sur tous les tons : la pès es signada ! la pès es signada !

Le 101e compte beaucoup de méridionaux. Un d'entre eux qui arrive de Metz vient d'apprendre à ses camarades que la paix était signée.

22 OCTOBRE

Le temps est sombre.

On répète, pour la centième fois, que nos soldats sont dans les meilleurs termes avec les avant-postes prussiens. Il y a, dit-on, des échanges de poignées de main, des accolades.

Ne m'en rapportant pas à ce qui se raconte, je vais à Ladonchamp, d'autant plus qu'aujourd'hui le château est gardé par le 101e.

Protégé par nos retranchements, j'aperçois distinctement nos ennemis dans le village de St-Remy. Ils montrent des gourdes, font des tas de pommes de terre et invitent par signes nos hommes à se rendre auprès d'eux.

Un soldat plus hardi que les autres s'avance vers nous chargé de victuailles.

Le capitaine Bri... du 101e n'entend pas la plaisanterie sur ce point. Il saisit un fusil, met en joue le Prussien et le tue.

Un officier arrive en parlementaire ; il demande pourquoi on a tué un homme sans défense.

On lui répond qu'un de nos soldats l'a visé ne croyant pas que son arme fut chargée.

L'affaire en reste là.

Le bruit se répand — je ne sais si le fait est vrai — que le général de division a infligé quinze jours d'arrêts au capitaine Bri...

En quittant Ladonchamp, je vais à Metz.

On y dit que Bazaine veut établir une régence à son profit. On y parle aussi du comte de Paris. Avec lui les Prussiens n'exigeraient plus que l'Alsace avec cinq milliards. En y ajoutant Metz, ils réduiraient leurs prétentions à trois milliards.

D'après quelques-uns l'ennemi va sous peu nous ravitailler. Le 6e corps et la garde seront dirigés sur Lille.

Les forts qui depuis trois jours se taisaient recommencent à tonner. Les hostilités vont reprendre sans doute. Hier les officiers Prussiens ont bien voulu laisser passer des lettres, aujourd'hui ils refusent.

23 OCTOBRE

Le soleil qui est resté caché les jours précédents se montre aujourd'hui, mais à de rares intervalles.

A Metz on ne voit que blessés devant les portes et sur les promenades. De jolies Messines font les pansements en plein air.

A quelques pas de moi un brillant capitaine d'artillerie de la garde se tient immobile, les bras croisés sur la poitrine. Il est en contemplation devant tous ces dévouements. Il me semble le reconnaître ! Mais oui ! C'est bien mon ami Bodin ! Quelle vigoureuse accolade il me donne !

Nous nous sommes connus en 1864 dans le petit Sahara, pendant un an, au camp d'Aïn Oussera ; nos tentes étaient voisines.

Durant nos longues journées de désœuvrement il me parlait de son passé, de l'école polytechnique, de l'avenir.

Il me parlait ..... Eh mon Dieu ! Nous avions vingt-cinq ans ..... il me parlait des femmes, mais en termes nobles, en enthousiaste. Pour lui la femme était un être idéal que l'homme ne sait pas comprendre. Quelle nature d'élite !

Après notre séparation il avait été envoyé en mission en Roumanie, puis avait tenu garnison en France et en Algérie ; cet ami véritable avait continué à m'ouvrir son cœur. Notre correspondance n'avait pas eu d'interruption.

Les premiers moments d'effusion passés, nous parlons bien vite de nos malheurs.

— « Eh bien ! lui dis-je, que pensez-vous de la marche des affaires ? ».

— « Je ne regrette qu'une chose, me répond-il, c'est de ne pas avoir été tué à Gravelotte. Je serais mort croyant à la gloire de la France, tandis qu'aujourd'hui .....

— « Vous croyez donc que nous allons capituler ? ».

— « J'espère encore que non. Mais Bazaine est une canaille. Vous connaissez comme moi sa conduite au Mexique. Ce n'est qu'un incapable et ce sera peut-être un traître ».

— « Comment appréciez-vous sa conduite du 18 août ? ».

— « Ce jour là il a été d'une incapacité sans nom. Il pouvait gagner la bataille en faisant marcher la garde. Mais qu'attendre d'un homme qui, à deux heures et demie était encore attablé chez le député Bouteillier ? ».

— « Pouvons-nous compter sur l'artillerie ?

— « L'artillerie ! mais il n'y en a plus. Tous nos chevaux sont mangés. La première manche est perdue et bien perdue. Je resterai cependant au service avec plaisir, convaincu que nous gagnerons la seconde. A propos, fait-il en me quittant, j'ai entendu dire que la paix allait être signée sans cession de territoire ».

24 OCTOBRE

Le temps se remet à la pluie.

M. N... tient du général Erard que l'on est triste au quartier général, que la situation est de plus en plus désespérée.

Mon soldat Parral me raconte que la faim fait pleurer quelques hommes dans sa compagnie.

— « Parral, lui dis-je, il faut vous attendre à en voir bien d'autres. Si nous devons nous rendre, nous ne le ferons qu'à la dernière extrémité.

« Avez-vous entendu parler de Masséna ?

— « Non, monsieur le major ».

— « Vous êtes cependant son compatriote ».

— « Je l'ignore, monsieur le major ».

— « Eh bien ! retenez ce que je vais vous dire : Masséna a soutenu un siège, le siège de Gênes jusqu'à la dernière limite de toute résistance humaine. Ses soldats ont mangé tous les rats et toutes les souris de la ville ; on dit même qu'ils ont mangé des tiges de bottes. Allez dans votre compagnie et répétez ce que vous venez d'entendre ».

Le soir, au moment où nous sommes tous

réunis sous la tente du commandant A... nous voyons arriver un prêtre, un aumônier.

— « Ces messieurs sont-ils du 101e ? ».

— « Oui, monsieur l'aumônier ».

— « Je viens m'acquitter d'une mission ; le capitaine Em... se rappelle à votre souvenir ».

« Em...!! Il n'est donc pas mort ? nous écrions-nous tous ».

— « Non, messieurs. Après le départ d'un médecin qui doit se trouver ici, il a été transporté dans un village où de grands soins l'ont rendu à la santé ».

Em... vivant !! lui que nous avons pleuré ! lui qui avait la poitrine trouée de part en part ! (1).

Cette nouvelle nous donne un instant de bonne humeur. Nous buvons à la résurrection de notre camarade.

25 OCTOBRE

Notre colonel appelé le matin chez le général de division reçoit l'ordre de nous faire la communication suivante :

« Le général Boyer est de retour d'hier dans la soirée. Il était allé auprès de l'Impératrice, la prier de vouloir bien rentrer au pouvoir (2). Sa Majesté a répondu qu'elle ne pouvait accepter si la France devait perdre de son territoire.

« Le général Changarnier est allé aujourd'hui auprès du prince Frédéric Charles pour tenter d'obtenir une convention.

« L'armée se réunirait sur un point du territoire pour garder les anciens députés et créer ainsi une espèce de gouvernement.

(1) Voir page 70.

(2) On nous trompait. Le général Boyer s'était rendu auprès de Bismarck.

« Les Prussiens refuseront sont doute ces propositions.

« On ne capitulera jamais honteusement. La situation est donc celle-ci : d'ici quarante-huit heures il faut ou capituler, ou faire accepter une convention honorable, ou trouer.

« Que les hommes aient toutes leurs cartouches ».

— « Mes enfants, s'écrie le commandant A... en s'adressant aux officiers de son bataillon, il est évident pour moi que Guillaume ne voudra pas traiter ; l'armée est donc à la veille de jouer son va-tout. Passez dans vos compagnies et dites bien à vos hommes que plus ils seront braves, plus ils auront de chance d'échapper à l'ennemi ».

— « Ma compagnie est prête depuis longtemps, répond le capitaine M...

26 OCTOBRE.

Je me rends à Metz malgré une pluie diluvienne.

Le général Changarnier est de retour de sa mission. Rien ne transpire encore au sujet du sort qui nous est fait.

A quatre heures le colonel réunit tous ses officiers pour leur apprendre que l'armée a capitulé, mais en conservant armes et bagages.

Le lieutenant du C... vient passer quelques instants sous ma tente. Il arrive du quartier général. Canrobert a tenu devant lui le propos suivant :

« Si j'avais pu lire dans l'avenir j'aurais certainement pris le commandement le 18 août ».

Un ouragan éclate dans la soirée. Entre chaque rafale le capitaine M... exhale sa colère en phrases entrecoupées :

— « Il ne voulait pas capituler honteusement ! Elle est bonne celle-là ! Vil blagueur ! ce propos, les chefs de corps nous l'ont-ils assez souvent répété ! Et 150.000 Français se rendent sans combattre à 200.000 Prussiens !

« Ah ! le traître ..... Il nous a vendus ! ».

— « Je ne le crois pas, répond le commandant A... Il a pu trahir, mais trahir pour de l'argent ! non, non ».

— « Que vous ne connaissez guère le personnage ! reprend le capitaine. Eh bien, moi, je suis persuadé qu'il a fait un trafic de son armée ».

A dix heures nous nous retirons tristement sous nos tentes, le front courbé sous le poids d'une honte bien imméritée.

27 OCTOBRE

La pluie continue. Le camp est un lac.

Pendant le déjeuner personne ne dit mot. Les cœurs sont gros.

A cinq heures j'aperçois un mouvement dans le camp du 102e. La curiosité me pousse à m'y rendre.

J'arrive au moment où le colonel de G... se place au milieu de son régiment. Dieu ! dans quelle épaisse couche de boue piétinent ces 800 hommes !

M. de G... s'exprime en ces termes :

« Mes enfants, demain on procèdera au désarmement.

« On nous épargnera l'humiliation de remettre nos armes au vainqueur. Elle seront déposées à l'arsenal. Il faut bien s'incliner devant la force.

« Mes chers amis, soyez toujours fiers de votre régiment.

« Quand plus tard on parlera devant vous de Gravelotte, de Ste-Marie aux Chênes, vous pourrez dire avec orgueil : nous y étions ».

Tous ces malheureux soldats pleurent à chaudes larmes.

Je me trouve entre deux sapeurs qui me disent en sanglotant : « Ah ! le bon colonel, monsieur le major. Si comme nous vous l'aviez vu au feu..... ! »

M. de G... voulant ajouter quelques paroles pour les officiers, les mots expirent sur ses lèvres ; l'émotion l'étouffe.

« Vive le colonel ! vive le colonel » s'écrie à plusieurs reprises tout le régiment.

En dînant je raconte cette scène à mes camarades. Je leur fais remarquer qu'hier le colonel du 101e nous disait que l'armée conserverait ses armes et que M. de G... vient d'apprendre à son régiment qu'elles seront déposées à l'arsenal.

— « Voilà un colonel qui se conduit bien, dit le capitaine M... Celui-là au moins fait ses adieux à son régiment. Qui sait si les autres l'imiteront ? ».

— « M. de G... n'a-t-il rien dit de Bazaine ? » me demande le commandant A...

— « Non, mon commandant ».

— « Cela m'étonne. Je sais que depuis longtemps il flairait une trahison ; il a fait part de ses craintes à bon nombre d'officiers.

28 OCTOBRE

Il est huit heures du matin, Je viens d'achever

ma visite à l'infirmerie quand j'aperçois de loin le lieutenant M... notre porte drapeau. Il aborde le capitaine M...

— « Mon capitaine je suis appelé à la division avec mon drapeau ».

— « Méfiez-vous, méfiez-vous, s'écrie à différentes reprises le capitaine. On ne sait pas de quoi sont capables ces gens-là.

— « Que voulez-vous, mon capitaine, je suis obligé d'obéir ».

— « Méfiez-vous, vous dis-je », et le vieux brave est pris d'un violent accès de colère.

Un instant après le drapeau est porté à la division.

« Tenez, docteur, me dit le capitaine un peu calmé, ils sont capables de livrer les drapeaux aux Prussiens ! ».

Du C... arrive du quartier général. Il nous apprend que les drapeaux vont être brûlés.

A Metz la consternation est peinte sur tous les visages. On n'ose s'aborder.

Les journaux paraissent en deuil. On accuse hautement Bazaine et Coffinière d'avoir trahi.

Au café Parisien je rencontre le commandant Castaigne. J'étais aide-major sous ses ordres en 186 ..... à M...

« Mon cher ami, me dit-il, nous sommes bien humiliés ; mais nous, nous avons le droit de lever haut la tête. Je ne puis malheureusement pas en dire autant des gros bonnets. Notre armée n'a pas été battue ».

En rentrant au camp je trouve sous la même tente le commandant A... et le capitaine M... Ils sont atterrés.

— « Vous cherchez des yeux le régiment ? me dit le capitaine M...

— « Oui, capitaine ».

— « En ce moment, me répond-il, comme tous les autres régiments, il verse ses armes dans les divers forts.

— « Et à qui seront les armes ?

— On dit qu'étant la propriété de l'état il sera décidé plus tard à qui elles appartiendront.

« Le crime est perpétré, mon cher docteur, ajoute-t-il. Nos hommes seront livrés demain aux avants-postes. Il ne nous reste plus qu'à pleurer sur la honte de nos chefs.

Bazaine a fait paraître un ordre du jour. Le voici :

« Vaincus par la famine nous sommes con-
« traints de subir les lois de la guerre en nous
« constituant prisonniers. A diverses époques
« de notre histoire militaire, de braves troupes
« commandées par Masséna, Kléber, Gouvion
« St-Cyr, ont éprouvé le même sort, qui n'enta-
« che en rien l'honneur militaire, quand, comme
« vous, on a aussi glorieusement accompli son
« devoir jusqu'à l'extrême limite humaine.

« Tout ce qu'il était loyalement possible de
« faire pour éviter cette fin a été tenté et n'a pu
« aboutir.

« Quant à renouveler un suprême effort pour
« briser les lignes fortifiées de l'ennemi, mal-
« gré votre vaillance et le sacrifice de milliers
« d'existences, qui peuvent encore être utiles à
« la Patrie, il eût été infructueux, par suite de
« l'armement et des forces écrasantes qui gar-
« dent et appuient ces lignes : un désastre en
« eût été la conséquence.

« Soyons dignes dans l'adversité, respectant
« les conventions honorables qui ont été stipu-

La capitulation.

« lées, si nous voulons être respectés comme
« nous le méritons. Evitons surtout, pour la
« réputation de cette armée, les actes d'indisci-
« pline, comme la destruction d'armes et de ma-
« tériel, puisque d'après les usages militaires,
« places et armements devront faire retour à la
« France lorsque la paix sera signée.

« En quittant le commandement, je tiens à
« exprimer aux généraux, officiers et soldats,
« toute ma reconnaissance pour leur loyal con-
« cours, leur brillante valeur dans les combats,
« leur résignation dans les privations, et c'est
« le cœur brisé que je me sépare de vous.

« Le maréchal de France, commandant en chef.

« BAZAINE ».

VIII — LA CAPITULATION

29 OCTOBRE

On annonce le matin que le 6e corps sera livré à l'ennemi dans l'après-dînée, près du château de Ladonchamp.

Le 101e s'ébranle à midi.

Le temps est sombre ; la pluie est fine et froide ; le ciel s'associe à notre deuil.

Un officier par compagnie est désigné pour conduire le régiment. Tous les autres officiers tiennent à honneur d'accompagner ceux qui combattirent vaillamment à leurs côtés. Quelques-uns les suivent en pleurant comme ils suivraient

13.

le convoi funèbre d'un camarade. La plupart se répandent dans la campagne et marchent isolément. Ils s'évitent les uns les autres ; l'ami fuit l'ami. Que pourraient-ils se dire qui ne parlât de la ruine de la France ? Nobles cœurs ! Est-ce leur faute, à eux, si à Metz les événements suent la honte ?.

Devant nous la plaine s'étend muette et lugubre. Naguère encore nos bataillons la parcouraient gaiement en allant au combat ; aujourd'hui ils gardent un morne silence ; des éclairs de rage partent de tous les yeux ; la haine se peint sur tous les visages.

Les compagnies sont irrégulièrement groupées. A quoi bon désormais garder le rang ? A quoi bon une attitude militaire ? Ah ! qu'il est navrant, qu'il est poignant, le spectacle d'une armée sans armes !

Phénomène étrange ! c'est au moment où le 101e approche de Ladonchamp que l'épopée impériale avec toutes ses gloires m'apparaît comme dans un lointain mirage. C'est quand la France râle sous la botte prussienne que nos anciennes victoires, Arcole, Marengo, Auerstœdt, Iéna, etc., s'obstinent à hanter mon cerveau. Je vois défiler les Autrichiens à Ulm ; Je vois Napoléon faisant son entrée triomphale à Berlin à la tête de ses grenadiers; ..... lorsque tout-à-coup je viens me heurter à l'état-major prussien !

A gauche de la route nos ennemis nous attendent. Ils sont alignés sur deux rangs. Devant eux et du même côté du chemin est un groupe d'officiers à cheval : un général entouré de ses aides de camp.

La tenue des Prussiens n'est pas celle du vainqueur qui respecte le vaincu. Les uns prennent des poses nonchalantes en s'appuyant sur leur fusil ; les autres laissent éclater un gros rire qui, je le crois, n'est pas à l'adresse des Français. Quelques-uns fument dans d'énormes pipes en porcelaine. Tous affectent d'être indifférents à ce qui se passe sous leurs yeux.

C'est le tour du 101e !

Je renonce à rendre mon émotion en voyant s'avancer pêle-mêle ces bons petits soldats, ces braves qui n'auraient pas mieux demandé que de mourir en combattant et qu'on livre lâchement.

Jamais je n'ai remarqué aussi bien qu'aujourd'hui leur visage hâlé, amaigri, leurs vêtements couverts de boue.

C'est à quelques pas du général qu'a lieu la séparation.

« Au revoir, mon capitaine. Au revoir, mon lieutenant. Vous nous écrirez en Prusse, et ce sont des embrassements, de vigoureux serrements de main ».

« Oui, mes amis, répondent les officiers en pleurant, oui, nous penserons à vous. Nous nous reverrons. Au revoir, mes enfants ».

Le flot pousse par derrière. A une compagnie succède une autre compagnie. Les adieux causent un certain trouble dans la marche de la colonne. C'est pitié de voir les malheureux retardataires courir pour rejoindre leurs camarades.

Les officiers supérieurs sont à cheval; ils marchent à la droite du régiment. La tête recouverte d'un capuchon, — car il pleut — ils poussent un dernier trot jusqu'au général Prussien, doublent à droite et s'en retournent sans avoir montré leur visage au vainqueur.

De tous les oficiers du 101e le capitaine M...

est, celui qui reçoit les adieux les plus touchants. Ses hommes l'adorent et le considèrent comme un père. Ce pauvre ami pleure à chaudes larmes.

Mon brave régiment n'est déjà plus là. Un autre l'a remplacé.

Je jette les yeux autour de moi. Au milieu de Prussiens et de Français que je ne connais pas, combien je me trouve seul !

Un officier Prussien voit mon embarras ; il m'aborde :

— « Beau jour dans l'histoire, monsieur.

— « Trop.

— « Ah ! Bazaine, mexicano, africano.

— « Oui Bazaine est traître. Il a vendu son armée.

— « Brave armée, monsieur, brave armée.

— « Vous en savez quelque chose, monsieur ; mais vous avez Bismarck, de Moltke, et nous avons Bazaine. »

Cet officier sait à peine le français ; je ne connais guère mieux l'Allemand ; ne pouvant nous comprendre, nous ne parlons plus. Il me semble bon ; je m'attache à ses pas.

Les compagnies passent, passent ..... autant de secondes, autant de scènes poignantes. Une entre autres fait tressaillir toutes les fibres de mon être : un vieux capitaine à cheveux blancs presse dans ses bras un jeune soldat encore imberbe.

« C'est son fils, me dit en passant un sous-officier ».

L'étreinte dure trop longtemps. Un officier prussien pousse un grognement. Le malheureux quitte son fils et court affolé dans la direction de Metz.

Mon cœur se gonfle. Il jette son trop plein : « Canaille ».

Le général prussien m'a entendu ; il me lance un regard de colère.

Il est heureux que mon officier prussien, mon interlocuteur de tout à l'heure se trouve là. Il lui dit qu'il s'agit de Bazaine.

Sur le visage ridé du vieux Germain s'ébauche un sourire, le rictus du triomphe ..... et dans les rangs prussiens on fume toujours. Que je voudrais pouvoir leur cracher au visage toutes les imprécations qui grondent dans ma poitrine !

Vous fumez, ô lourds allemands. Vous fumez ! et la France passe sous le joug !

Vous fumez ! fumez en paix ! On vous livre le lion, mais on a mis un art infini à lui limer les dents.

Vous fumez, ô rustres borussiens, et sans vergogne vous le poussez du pied, le lion désarmé !

Voulez-vous insulter aux vaincus ! vous avez réussi.

Est-ce un manque aux convenances ? vous avez un général devant vous ; il devrait vous rappeler à l'ordre.

Prenez-vous ces hommes désarmés pour un vil bétail ?

A votre contenance on pourrait aisément s'y tromper.

Eh bien ! non, j'aime mieux croire que l'Allemagne, la docte Allemagne n'entend pas la politesse comme les autres peuples (1).

Oh ! non, les Français ne fumaient pas à Ulm !

(1) Quiconque a vu de près les Allemands connaît leur procédé si primitif de curer plats et narines.

Il me revient à la mémoire que sur un terrain de cible un général français a infligé une punition sévère à un officier pour avoir fumé en sa présence.

Aujourd'hui ce n'est pas un général qui est devant vous ; c'est la France qui passe, la France qui vous a battus à Borny et à Gravelotte et qui vous aurait battus à St-Privat sans l'ineptie de son chef.

Il est trois heures. Le sacrifice est consommé.

Je reprends tristement le chemin du camp. A peine ai-je fait quelques centaines de pas que j'aperçois un officier assis sur une pierre et cachant son visage dans ses mains.

C'est P... mon meilleur camarade. Je ne l'ai jamais abordé, sans entendre un bon mot, une gauloiserie. Aujourd'hui, il pleure.

Je l'appelle. Il vient à moi les bras ballants et les yeux rougis par les larmes.

« Le scélérat nous a vendus, » me dit-il, et posant sa main gauche sur mon épaule, de la droite il me montre..... le drapeau Prussien, un immense drapeau qui flotte sur le St-Quentin (1).

30 OCTOBRE

Dans l'après-dînée je me rends à Metz.

La couche de boue qui recouvre les routes est encore plus épaisse que les jours précédents. Tant de milliers d'hommes ont passé par là depuis deux jours.

(1) Dans tous les ouvrages où il est question du siège de Metz on lit que les Prussiens avaient tenu par leur contenance à honorer les vaincus. Qu'il me soit permis de rectifier ce petit point d'histoire.

Il me montre..... le drapeau prussien, etc.

Page 202.

Sur le point d'arriver à la porte de France je vois s'avancer sur la route de... un régiment prussien, musique en tête. Pour ne pas me trouver avec lui, je ralentis le pas.

Au même instant deux cavaliers prussiens lancés au galop sortent de Metz et passent à côté de moi. Je suis éclaboussé, couvert de boue.

Une seconde après, l'un d'eux roule avec son cheval dans le fossé qui borde la route.

« Gredin, me dis-je, si au moins tu t'étais cassé le cou ».

En franchissant la porte de France, j'aperçois sur les remparts deux officiers d'artillerie, prussiens. Ils sont dans une embrasure, occupés à examiner un canon. La ville fourmille de soldats ennemis.

La statue de Fabert est recouverte d'un voile noir. Je m'approche du piédestal et lis l'inscription suivante :

« Si pour empêcher qu'une place que le roi m'a confiée ne tombât au pouvoir de l'ennemi, il fallait mettre à la brèche ma personne, ma famille, et tout mon bien, je ne balancerais pas un moment à le faire ».

Bazaine.... Fabert....ces deux noms me suggèrent une réflexion. Le premier s'est-il bien inspiré du langage du second ?

Je m'éloigne rêveur, lorsque à quelques pas de moi, la foule se rue sur une voiture.

Du sel ! Du sel ! On vend du sel ! J'en achète cinq cents grammes pour quatre francs.

Au café parisien, mon regard s'arrête sur des personnages que je n'ai jamais rencontrés là.

« Ce sont des habitants des localités voisines, » me dit un officier.

Je m'approche d'eux.

— « Que fait-on en France, Messieurs ? »

— « La France fait des efforts inouïs pour se défendre. La lutte continue ».

— « On nous avait pourtant dit que les Prussiens montaient la garde au Havre et à Rouen, avec les gardes nationaux de ces deux villes et que les provinces avaient refusé de reconnaître le gouvernement ».

— « Tout cela est faux, Monsieur. » Mes yeux s'ouvrent à la lumière. Comme on nous a trompés !

Un officier d'administration prend part à notre conversation.

« Bazaine s'est rendu trop tôt, nous dit-il. Nous avions encore pour huit à dix jours de vivres. Qui sait, puisque la lutte continue, si nous n'aurons pas à regretter ce manque aux règlements militaires ? (1) »

31 Octobre

A Metz on pleure, on se lamente.

Dans les rues on voit beaucoup de femmes et d'enfants revêtus d'habits de deuil. Tous portent les couleurs nationales soit sur la tête, soit sur la poitrine.

J'entends dire autour de moi que Bazaine a vendu son armée cinq millions Quelques-uns prétendent qu'il est condamné à mort depuis le 26 octobre.

Je vais quitter Metz pour rentrer au camp, lorsque j'aperçois le lieutenant du C...

« Cher ami, me dit-il, j'ai encore quelques renseignements à vous communiquer. Ce seront les derniers. »

(1) Qui peut prévoir ce qui se serait passé sur la Loire, si l'armée du prince Frédéric Charles avait été retenue huit jours de plus sous les murs de Metz ?

Mon camarade commence son récit en ces termes :

« Le lendemain de la capitulation le prince Frédéric Charles a fait dire au maréchal Canrobert qu'il serait heureux de le recevoir.

« La conversation a naturellement roulé sur le siège. De l'avis du prince, si nous avions tenté une sortie, nous aurions eu le lendemain les Prussiens sur nos derrières avec des troupes fraîches, des vivres et des communications assurées, tandis que notre armée aurait été fatiguée, sans vivres et sans ravitaillement certain.

« Nous aurions été obligés de livrer une bataille qui aurait pu, à la vérité, nous être favorable ; mais, même dans cette hypothèse, nous aurions dû continuer la lutte, ce qui ne nous aurait pas été possible faute de munitions.

« Le prince pense que nous nous serions à la rigueur jetés dans le Luxembourg, n'ayant aucune chance de réussir dans une marche vers l'intérieur de la France.

« Il a longuement parlé de la journée du 18 août. La garde royale y a été pour ainsi dire anéantie. Il a félicité le maréchal Canrobert sur sa belle défense de Saint-Privat, défense faite avec un corps d'armée presque dépourvu d'artillerie. »

Du C.... ajoute :

« Le lendemain de la capitulation, j'ai été envoyé par Canrobert auprès de Bazaine. Ce dernier était parti pour Moulins. Par un temps affreux je suis allé le trouver.

« Le Maréchal était dans un château abandonné. Une bonne vieille était occupée à lui préparer une omelette.

« Vos soldats ont-ils bien souffert? » m'a-t-il demandé.

— « Oui, Monsieur le Maréchal. Le pain manquait ».

« J'en ai rencontré sur la route qui avaient l'air bien malheureux ».

En prononçant ces paroles, l'émotion le gagne.

— « Monsieur le Maréchal, le Maréchal Canrobert vous fait demander quand vous devez partir ».

« Je l'ignore. Le prince Frédéric Charles m'a fait dire qu'il ne pourrait me recevoir qu'aujourd'hui à cinq heures, ou demain à midi ».

Et Bazaine s'adressant à l'un de ses aides de camp :

« Eh bien ! Gudin, nous sommes passés dans ces mêmes lieux, mais dans des circonstances moins tristes ». Disant ces mots, il tourna son visage du côté de la fenêtre pour cacher ses larmes. (1)

Du C... achève son récit en me disant qu'il tient d'un colonel d'état-major et de Canrobert, que l'Empereur, le 15 août, assis devant une chaumière à Gravelotte, tordait sa moustache en répétant :

— « Où est ma garde ? Où est ma garde ? »

— « Sire, la garde est un corps de réserve ; elle ne vient qu'après les autres corps. »

— « Je veux ma garde... Où est ma garde ? »

Il était fou.

1er NOVEMBRE

Nous quittons le camp.

Je trouve un logement rue de l'Evêché pour

(1) C'est donc à tort qu'on a reproché à Bazaine d'avoir festoyé au château de Moulins, le 30 octobre.

un prix très modique. Je dois cette bonne fortune à la frayeur qu'inspirent les Prussiens à mon propriétaire.

Les officiers du 6e corps s'attendent à partir aujourd'hui en captivité. On les remet de une heure à six heures, puis au lendemain.

Les capitaines C... et B..., les lieutenants Cath..., M..., Perd..., Labr..., Oliv..., viennent me demander l'hospitalité pour la nuit.

« Oh ! le lâche ! oh ! le traître ! s'écrie en m'abordant le lieutenant Cath... : J'ai vu des cavaliers prussiens qui se pavanaient avec nos drapeaux dans les rues de Metz ! »

« Cela prouve bien, s'écrie à son tour le capitaine C..., que Bazaine a trahi depuis le commencement jusqu'à la fin. »

2, 3, 4 NOVEMBRE

On ne voit qu'officiers prussiens dans les rues. Ils s'efforcent d'être affables avec la population, saluent tous les officiers français qu'ils rencontrent. Ceux-ci pour la plupart détournent la tête.

Dans les établissements publics, on ne parle que de Bazaine et de sa trahison.

« Il voulait restaurer l'Empire ou tout au moins instituer une Régence à son profit, disent les uns. Voyant qu'il ne pouvait réussir, il a vendu son armée. »

« Il a montré beaucoup de ruse les derniers jours, disent les autres. Il ne devait rien être fait qui ne fût très honorable. »

« Pourquoi, répliquent certains Messins, parmi les maréchaux et les généraux de l'Empire, ne s'est-il pas trouvé un homme ? L'Empire n'avait donc formé que des valets et des traîtres ? »

Les rues, les cafés grouillent d'individus à mine patibulaire. Ils vendent des journaux illustrés, les tableaux de nos défaites.

On me dit qu'ils sont recrutés parmi ces singuliers industriels qui suivent les armées comme vivandiers, mercanti, et au besoin détrousseurs de cadavres. Aujourd'hui, ils sont vendeurs d'images.

Les Messins se préparent à soutenir un nouveau siège. « Les Français vont se lever en masse, disent-ils, ils chasseront l'envahisseur et reprendront Metz et Strasbourg. Mais pour cette fois, ajoutent-ils, nous n'oublierons pas de nous approvisionner de sel. »

Les médecins, grâce à la convention de Genève, reçoivent des saufs-conduits de la commandature prussienne.

M. N... s'adjoint quelques autres médecins, — je suis de ce nombre, — pour se rendre à l'armée du Nord en traversant le Luxembourg et la Belgique. Il tarde à mon chef de revoir le général Bourbaki.

Le départ est fixé au 5 novembre.

Il n'est pas hors de propos de dire, avant de raconter les péripéties de notre voyage de Metz à Bruxelles, que la commandature prussienne nous avait prévenus que tout médecin qui favoriserait l'évasion d'un officier, serait fusillé lui-même.

IX — UNE ÉVASION

5 NOVEMBRE

Il est une heure. Sur la place Chambière, lieu du rendez-vous, se trouvent M. N..., deux chirurgiens, ses amis, Vézien, Barreau et moi. Chacun de nous emmène son soldat d'ordonnance. Celui de M. N... n'est pas encore-là.

Quelques instants avant le départ, nous voyons s'avancer vers nous un petit homme légèrement voûté, à mine maladive et frisant la quarantaine.

Son accoutrement bizarre attire nos regards; pantalon beaucoup trop court, parsemé de nombreuses taches ; blouse jadis blanche s'effilochant sur tous les bords, casquette crasseuse crânement portée sur l'oreille.

Il va droit à nos soldats, leur serre la main et leur offre des cigares.

M. N... a prévenu nos hommes qu'il avait dû prendre un nouveau soldat d'ordonnance; il leur a recommandé de le traiter en ami et de le tutoyer.

Le nouveau venu sent bien un peu dans ses moindres gestes son officier, son homme du monde.

MM. Vézien et Barreau s'interrogent du regard. La situation est critique ; nous sommes sous les yeux des Prussiens,

M. N... voit le danger. Il passe prestement devant nous et dit d'une voix sourde et sans détourner la tête :

« C'est le commandant Leperche, officier d'ordonnance de Bourbaki ».

Près de la voiture sont deux personnages qui observent tout depuis que nous sommes-là : un monsieur en redingote, âgé de trente ans environ. — Il se dit belge ; et un grand et gros homme en blouse, à physionomie bestiale, et déjà grisonnant. Ils vont être nos compagnons de voyage. Sans plus de façon ils montent les premiers sur notre véhicule, un lourd char fermé par des planches.

Notre voiturier nous demande quatre-vingts francs pour nous conduire jusqu'à Longwy. Il est sous la protection du drapeau belge.

M. N... et Vézien ainsi que tous nos soldats prennent place sur la voiture.

— « Les chevaux devant marcher au pas, me dit M. Barreau, il nous sera toujours loisible de monter quand nous le voudrons. Suivons à pied un instant.

— « Très volontiers.

— « Quel est cet individu à mine ignoble ? » me demande tout-à-coup le vieux chirurgien.

— « Chut, chut, taisez-vous, c'est un soldat d'ordonnance ». Il n'a donc pas entendu M. N.... tout-à-l'heure, dis-je à part moi.

— « On nous exploite. Il y a un tas d'individus qui savent se glisser partout ».

— « Taisez-vous, je vous en prie ; vous allez nous faire fusiller ».

M. Barreau continue à grommeler. Il ne comprend pas. « S'il avait l'ouïe dure, pensé-je ? »

Je le saisis vigoureusement par le bras et l'arrête pour donner à la voiture le temps de s'éloigner.

J'avais bien deviné. J'ai affaire à un sourd.

Nos deux compagnons de voyage ont l'oreille au guet ; ils n'ont heureusement rien entendu.

A peine suis-je installé sur le chariot que le Belge m'adresse la parole de la façon la plus gracieuse du monde.

« Au début des hostilités, me dit-il, les sympathies des Belges étaient pour les Prussiens, mais aujourd'hui ils désirent vous voir sortir victorieux de la lutte.

— « Qu'avez-vous dans votre cantine ? ».

— « Des vêtements, quelques livres ».

Je me garde bien d'ajouter : « un revolver ».

La conversation tourne à l'intimité. Mon interlocuteur devient de plus en plus câlin, doucereux. Quiconque nous eût entendus, n'eût pas manqué de dire : « ce sont deux amis ».

Je juge le moment propice pour questionner à mon tour.

— « Quel est ce gros homme qui se tient blotti sans rien dire au fond de la voiture ? ».

— « C'est un marchand de porcs, monsieur ».

Le voiturier s'arrête à Maizière devant une auberge. Nous ne descendons pas.

Un homme de haute taille, jeune encore, en blouse et en casquette sort de l'établissement et vient droit à nous.

Sans rien dire, il m'examine attentivement. Assurément il me prend pour un officier déguisé en chirurgien. Je soutiens son regard sans sourciller. N'ai-je pas mon sauf-conduit ?

Au moment où il se tourne du côté du commandant Leperche et renouvelle le même examen, celui-ci a déjà vu le danger. Il ne se présente plus que de profil et se donne une contenance en parlant à mon soldat.

— « As-tu faim, Parral ?

— « Non, Pierre, et toi ?

— « Mon estomac est creux et je casserais volontiers une croûte ».

Parral qui préside à nos victuailles prépare à la hâte une tartine de beurre.

L'espion a-t-il bien joué son rôle? Est-il satisfait? Nous l'ignorons.

Toujours est-il qu'il regagne l'auberge à notre plus grand contentement.

— « Avez-vous vu ce qui s'est passé, dis-je à M. N... ?

— « Oui j'ai tout vu. Le drôle a une rude fixité dans le regard.

— « Pour qui le prenez-vous ?

— « Pour un officier prussien déguisé en espion ».

Nous nous remettons en marche.

— « N'est-il pas vrai, Monsieur, me dit le Belge, que beaucoup d'officiers français ont pu s'évader ?

— « Je ne vois pas trop comment ».

— « Je ne le crois pas, monsieur. Le fait me semble même impossible. »

Deux fois des factionnaires prussiens nous arrêtent et demandent à voir nos saufs-conduits. Le Belge répond avec affectation qu'il est porteur d'un passe-port signé du roi Léopold. Il ne se croit pas obligé de l'exhiber. Les factionnaires ne se montrent pas plus exigeants pour le marchand de porcs.

« Je suis fixé, me dit à l'oreille M. N... ce sont deux espions ».

Nous arrivons à neuf heures au village de Fontois. Nous descendons dans une petite auberge.

Dans la salle commune se trouve une grande

table autour de laquelle nous prenons place. Le Belge se joint à nous.

Dans un coin de la pièce sont déjà deux personnages assis à une petite table ronde. Ils achèvent de prendre leur repas.

L'un, encore imberbe, a vingt ans à peine. L'autre, âgé de trente-cinq ans environ, porte à sa boutonnière le ruban de la légion d'honneur. Ce dernier prend part à notre conversation et s'exprime avec volubilité :

« Je suis adjoint à l'intendance. Mon régiment est le 19e de ligne ; j'y ai beaucoup connu le docteur Lafargue. Ma haine contre les Prussiens est grande. J'espère bien en démolir quelques-uns. Je rentre en France avec voiture et cocher sans prendre aucune précaution. Quatorze officiers du 19e ont déjà eu recours avec succès à ce genre d'évasion. Ma femme est mourante à Metz, cela ne m'empêchera pas de recommencer la lutte avec acharnement ».

« Mais les adjoints à l'intendance ne se battent pas, me glisse à l'oreille M. N... Ce monsieur ne dit que des bêtises. »

— « Vous êtes capitaine, monsieur, me demande ex-abrupto le jeune imberbe ?

— « Non, je suis médecin. Vous ne connaissez donc pas notre uniforme ? ».

Il a les yeux fixés sur moi. Son regard me rappelle celui de l'espion de Maizière.

Il sort.

— « Quelle est la nationalité de ce jeune homme, demande M. N... au soi-disant adjoint à l'Intendance ?

— « Il est prussien, mais pas de cœur. Sa mère est de Metz et il habite Trèves ».

— « S'il est allemand, réplique M. N... le langage que j'ai tenu tout-à-l'heure n'a pas dû lui plaire. J'ai dit et je ne le regrette pas qu'il me tardait de quitter Metz pour ne plus avoir sous les yeux ces canailles de Prussiens ».

L'homme au ruban va rejoindre son camarade. Nous ne voyons plus ni l'un ni l'autre.

« Nous sommes entourés d'espions, nous dit M. N... De la prudence! de la prudence ! ».

Tout-à-coup dans la pièce voisine se fait un grand vacarme. Nous accourons tous. Un Luxembourgeois vient de lever la main sur le maire de Fontois.

M. N..., bondit, saisit l'étranger au collet et le met à la porte.

Le maire, pour nous prouver sa reconnaissance, nous offre des lits. Nous n'acceptons pas. Nous couchons depuis si longtemps sur la dure que le foin de l'auberge nous paraîtra un vrai confort.

6 NOVEMBRE

Le départ a lieu à sept heures. Le temps est beau.

Le commandant Leperche, seul, marche à pied avec le voiturier.

« J'ai conduit les chevaux dans ma jeunesse, lui dit le commandant. Donnez-moi le fouet : vous allez juger si je sais m'en tirer ». Il s'acquitte en effet à merveille de son nouveau rôle.

Au pied d'une forte rampe tout le monde descend. Le Belge marche devant moi. Soudain je l'entends pousser des gémissements ; je lui vois faire des contorsions.

« Je viens d'être subitement pris d'atroces douleurs de reins, me dit-il. Cette maladie empoisonne mon existence. »

Pour un simulateur, me dis-je, il ne s'en tire pas trop mal.

Il me raconte qu'il a été traité pour anémie, et pourtant il est gros et gras. Il a fait analyser ses urines par une célébrité de Liège; depuis, il sait qu'il a la gravelle.

Une crise plus violente que les autres se déclarant :

« Je ne sais si je pourrai vous suivre, me dit-il. »

À ce moment, je soupçonne le monsieur de vouloir nous quitter pour nous faire arrêter par le premier poste prussien qu'il rencontrera.

Le maudit gravier qui le torture lui laissant un instant de répit, il en profite pour me demander quelques conseils. Il serait si heureux d'avoir l'avis d'un médecin français !

Il cherche évidemment à savoir si je suis un vrai médecin.

En moins de cinq minutes je lui sers assez de mots à étymologie grecque pour le fixer sur ma profession.

« Et ce vieux médecin qui est derrière nous, ne pourrait-il pas aussi me venir en aide ? »

Il veut désigner M. N.... Je l'appelle. Mon chef est rusé, aussi juge-t-il la situation d'un coup d'œil. Il parle de ventouses scarifiées dans la région rénale, de sangsues, et déclare d'un ton doctoral que si un calcul venait à se former dans la vessie il faudrait recourir de bonne heure à la lithotritie.

Décidément, notre espion n'est pas heureux. Nous sommes tous médecins.

Et pendant ce temps-là le commandant Leperche fouette avec rage nos deux chevaux. De temps en temps il vient en aide à ses pauvres bêtes en poussant la voiture de l'épaule.

Nous arrivons à Villers à midi. L'unique auberge de ce petit village est située sur la grand'-route.

Le soi-disant Belge — il est évidemment Prussien — qui, depuis une heure ne dit mot, se met de nouveau à gémir, à se tordre.

« — Prenez place à notre table ; tournez le dos au poêle, lui dit M. N... »

« — Je vous remercie, docteur, je ne pourrais supporter aucune nourriture. »

« — Prenez au moins un bouillon. »

« — Je veux suivre votre conseil, docteur. »

Son petit repas fini, il nous dit d'un air dégagé :

« Messieurs, je vous quitte, mais auparavant vous m'obligeriez beaucoup de me dire quelle route a prise l'adjoint à l'intendance que vous avez vu à Fontois. Vous vous rappelez qu'il était en civil et qu'il avait le ruban de la Légion d'honneur. »

Tous à la fois nous répondons qu'à notre grand regret nous ne pouvons le renseigner.

Nous continuons notre repas tout à la joie d'être délivrés de ce mystérieux personnage.

Nous allons quitter l'auberge, lorsque nous voyons entrer deux hommes : l'espion de Maizière et le marchand de porcs. Le premier s'avance vers nous en saluant profondément ; il se montre poli, affable. Qu'il y a loin de ce ton patelin au regard de Maizière !

« — Messieurs, quelle route allez-vous suivre, nous demande-t-il ? »

« — Celle de Longwy. »

Ce ton doucereux ne me dit rien qui vaille, me dit tout bas M. N.... Nous serons certainement arrêtés en traversant les lignes prussiennes. »

Il ajoute d'une voix émue :

« — Nous pouvons, Leperche et moi, nous attendre à être fusillés. »

Nous reprenons notre route à deux heures. Nos peu intéressants compagnons ne nous suivent pas.

Trois lieues séparent Villiers de Longwy. A Longwy, nous monterons en chemin de fer pour Arlon. Longwy c'est la délivrance. Longwy c'est le salut.

Le commandant a repris le fouet et s'en sert avec la désinvolture du matin, non toutefois sans regarder souvent en arrière.

Comme il m'arrive de passer souvent près de lui, il me dit :

« Il me semble toujours avoir à mes trousses une douzaine de uhlans. »

Enfin, nous touchons au port ! M. N..., en homme prudent, nous dit : « Bien que sauvés, soyons calmes. La gare de Longwy fourmille d'espions. »

Nous arrivons à Bruxelles à neuf heures.

De notre train descend l'adjoint à l'intendance de Fontois.

« Mon ami, me dit M. N..., puisque nous sommes en pays neutre, je pourrais même dire en pays ami, vous feriez bien de demander à ce monsieur qui se dit Français, pourquoi il fait commerce d'amitié avec les Prussiens. »

— « Qui êtes-vous, Monsieur, lui dis-je en l'abordant ? ».

— « Vous le savez. »

— « Vous êtes un vulgaire espion, et si je ne vous méprisais trop, je vous châtierais sur le champ ».

Il n'est pas brave ; il ne répond pas.

Nous parcourons les rues de Bruxelles, de dix heures à minuit, sans parvenir à trouver un logement.

Des Bruxellois complaisants nous donnent des adresses d'hôtel, se mettent même à notre disposition pour nous conduire. Nous ne sommes pas plus heureux.

De nombreux gamins nous suivent en criant : vive la France !

Nous faisons enfin la rencontre d'un brave agent de police qui nous dit : «Messieurs, si vous voulez vous contenter de peu, j'ai votre affaire. Suivez-moi ».

Après avoir parcouru plus de dix rues, nous nous trouvons dans un petit restaurant de quatrième ordre, *au vieux lion blanc*, rue du Singe. On nous y accorde au troisième étage, pour la nuit, une pièce et deux paillasses... et nous sommes cinq !

Nos soldats restent au rez-de-chaussée, dans la salle commune. Ils coucheront sur un peu de paille.

Parral ne peu contenir sa mauvaise humeur. Il trouve que Pierre (Leperche), en prend à son aise en se logeant avec les médecins.

Je lui fais comprendre qu'il est plus âgé que les autres ordonnances et qu'au surplus il est malade.

7 NOVEMBRE

Il est six heures du matin. On frappe à notre porte.

— « Qui est là ? »

— « Notre café est prêt, répond Parral, et je viens chercher Pierre pour déjeuner avec nous ».

Tous à la fois nous éclatons de rire.

Le commandant, toujours sous le même accoutrement, s'empresse de descendre. Il se fait connaître à ceux qui ont tant contribué à le faire évader, les remercie et les récompense généreusement. (1)

X — ARMÉE DU NORD

Quelques Episodes

7 NOVEMBRE

Après avoir visité les places publiques et les principales rues de Bruxelles, nous nous rendons à la légation. Nous y sommes très bien accueillis par M. d'Ornano, grâce à un échange de dépêches entre le général Bourbaki et M. M...

Nous y apprenons que la mère de madame Bourbaki est logée avec une de ses filles à l'hôtel du Grand Monarque.

M. N... et le commandant Leperche toujours

(1) Dans « *nos généraux* » par Roger de Beauvoir, 4e édition 1885, on lit ce qui suit :

A l'armée de l'Est, Bourbaki prit pour chef d'état-major, le général Borel et pour aide-de-camp, le colonel Leperche.

Ce brave officier que l'armée a eu le malheur de perdre tout jeune encore, s'était échappé de Metz après la capitulation, Leperche, passa *à cheval* et en *uniforme*, à travers les lignes prussiennes et fût assez heureux pour ne pas être atteint par les coups de feu qu'on tira sur lui. On ne saurait trop admirer une pareille conduite.

revêtu du déguisement sous lequel il s'est évadé, vont leur rendre visite. Sur leur invitation, je les accompagne.

Avec quelle effusion nous accueille la vénérable Madame Lebreton ! La conversation tombe naturellement sur l'évasion du commandant, sur Bourbaki, sur la France qui résiste et luttera jusqu'au bout.

« Le général, nous dit-elle, désespère de la situation, mais il combattra jusqu'à la fin. »

Le moment de la séparation venu, Madame Lebreton embrasse M. N... et le commandant. Je fais une fausse manœuvre en m'avançant pour recevoir aussi l'accolade. Je me ravise et recule n'étant pas connu de cette dame. Elle voit mon embarras, s'avance vers moi et m'ouvrant ses bras, me dit d'un ton que je n'oublierai jamais : « Embrassez-moi, Monsieur, embrassez-moi ; je suis une bonne vieille maman ; cela vous portera bonheur. »

Nous quittons Bruxelles pour Lille à neuf heures.

A la légation, on a confié à M. N... un pli à l'adresse du préfet du Nord, ce qui fait dire à mon chef avec une pointe d'orgueil : « Je ne croyais pas qu'un jour je remplirais les fonctions de courrier d'ambassade. »

Il est minuit. Nous courons du train à la Préfecture. Le Préfet, en caleçon et en pantoufles, entr'ouvre la porte cochère, reçoit le pli et nous remercie.

8 NOVEMBRE

Dans la matinée, M. N... et le commandant rendent visite au général Bourbaki. Ils m'engagent à les accompagner.

Le commandant fait pendant plus d'une heure le récit détaillé de ses tentatives d'évasion. Quatre fois il a rampé à travers les lignes prussiennes, quatre fois on l'a repoussé à coups de fusil. Il prononce aussi ces paroles : « Je sais bien des choses, mon général. Nous avons été trahis. J'ai pris des notes que je publierai certainement. »

A onze heures, nous nous dirigeons vers l'hôtel de France.

« Ce qui m'étonne, me dit M. N..., c'est que le général ait oublié de nous inviter à déjeuner. Il est si préoccupé ! »

Je vais m'asseoir à la table d'hôte. J'en suis au dessert quand je vois arriver le commandant.

« — Docteur, le général regrette de ne pas vous avoir invité. Il met la faute sur moi. Venez. »

« — Mais, mon commandant, j'ai déjeûné. »

« — Venez quand même. Vous arriverez au café. »

On me place à la droite de Madame Bourbaki ! Elle me fait parler longuement de Metz, des souffrances du siège. Je lui apprends qu'à la rigueur nous aurions pu tenir dix jours de plus.

« Mais alors, me dit-elle, le maréchal Bazaine est bien coupable. »

Les officiers d'état-major et les aides-de-camp commentent certains articles de journaux. Un capitaine prétend avoir lu que le général a été pendu.

Au mot de pendaison, Bourbaki dit sans sourciller : « Ça arrivera. »

Au même instant entre un officier suédois au service de la France. Il a été blessé à Gravelotte. Un journal à la main, il vient à la hâte communiquer un entrefilet dans lequel il est dit que non seulement le général n'a pas été pendu, mais qu'en ce moment, il fait des prodiges d'organisation.

On parle ensuite de Bazaine. On critique sa conduite à St-Privat au sujet de la journée du 18 août ; Bourbaki ne prononce que ces seules paroles : « Oui, Bazaine, à deux heures, jouait au billard au fort Plappeville. »

Dans la soirée, M. N... me raconte que lorsque Bourbaki est sorti de Metz, Bazaine l'avait trompé par une pièce anti-datée. Il me répète ce qu'il m'avait déjà dit pendant le siège, que le principal but de Bazaine avait été de se débarrasser d'un honnête homme qui le gênait et qui n'aurait jamais capitulé.

9, 10, 11 NOVEMBRE

M. N... me dit que le général est sombre, qu'il parle à peine.

A Douai, on l'a sifflé. Un collégien a grimpé sur le marche-pied de sa voiture pour l'insulter. La population lui a jeté des pommes cuites.

Plus de cent cinquante officiers l'ont dénoncé au Commissaire du Gouvernement. Tout cela n'est pas fait pour le mettre de bonne humeur.

M. N... sait également que Chevreau et Conti ont dissuadé Bourbaki de se mettre au service de la canaille, mais que l'impératrice l'a vivement engagé à continuer la lutte.

12 NOVEMBRE

Le général Bourbaki part pour l'armée de la Loire. Il emmène avec lui M. N... et Leperche récemment promu lieutenant-colonel

Au moment du départ, mon chef me dit les

larmes aux yeux : « J'aurais bien dit au général de vous emmener avec lui, mais comme il prévoit qu'il y aura des désastres sur la Loire, j'ai tenu à vous laisser ici. »

« — Mais je suis jeune, je serais heureux de faire de rudes campagnes. »

« — Non, mon ami, restez ici. »

J'ai beau prier, supplier, je ne parviens pas à faire céder M. N...

A la gare nous nous embrassons le cœur bien gros, ne sachant si jamais nous nous reverrons (1).

DU 13 NOVEMBRE AU 10 DÉCEMBRE

Le 13 au matin, je suis nommé secrétaire de M. Perrier, inspecteur du service de santé.

Etre condamné à séjourner à Lille, pendant que mes camarades vont se rendre dans les ambulances, sur les champs de bataille, être jeune, plein de santé et de force, et n'avoir en perspective que des paperasses ; quelle situation humiliante !

Pendant ces longs jours d'oisiveté, il m'est donné de voir de près les éléments de la future armée du Nord : des mobiles, des mobilisés et quelques évadés de Metz et de Sedan. Rien d'aussi triste que le désordre des premiers jours. C'est un steeple-chase au galon. Tel qui s'est levé lieutenant se couche colonel. Quelques officiers et sous-officiers s'abandonnent jour et nuit aux orgies les plus repoussantes. Ceux qui conservent le sentiment du devoir, et c'est le plus grand nombre, se demandent si leurs camarades ne sont pas dans une certaine mesure

(1) Je ne l'ai pas revu. J'ai appris sa mort en 1883.

excusables. Paris n'a-t-il pas, quelques jours avant son investissement, vomi sur la province une nuée de filles de joie?

Un soir, au café des *Variétés*, où j'étais attablé avec deux jeunes gens de la ville, un inconnu passe à côté de nous et dit d'un air narquois: « Voilà encore un capitulard! » Je bondis sur le Monsieur et le soufflette. Au même instant, deux sous-officiers s'élancent du fond de la salle et se jettent sur lui. Ils sont aussi capitulards. J'en suis réduit à protéger mon insulteur; mais avant de le quitter, je lui dis: « A bientôt, sur les remparts, à moins que demain à la même heure vous ne préfériez apporter ici des excuses écrites. »

Entre temps, il apprend que j'ai quatre ans de salle, ce qui le décide à apporter les excuses demandées. Je me montre assez généreux pour ne pas en exiger la lecture.

Quelques jours après, je rencontre au *Café Français* M. Cuignet (1), un de mes maîtres, à Alger, en 1865.

« — Où étiez-vous pendant la campagne? me demande-t il. »

« — J'étais à Metz, et vous? »

« — J'étais à Sedan, médecin du maréchal de Mac-Mahon. Vous n'ignorez pas que pendant mon séjour à Alger, j'étais son médecin ordinaire. »

« — Quelle est sa blessure? »

« — Je lui ai retiré de la fesse un fragment d'obus de la grosseur d'une noix. Il avait péné-

(1) M. Cuignet a obtenu sa retraite comme médecin principal de 1re classe.

tré à une profondeur de dix à douze centimètres » (1).

Le lendemain, je me trouve aux *Variétés* avec un jeune polytechnicien, M. Wish... Nous sommes compatriotes ; je l'ai connu enfant.

Il me raconte qu'il arrive de Thionville où il était sous-lieutenant d'artillerie et qu'à la reddition de la ville il s'est évadé en revêtant les vêtements d'un receveur d'enregistrement, M. G... Ce fonctionnaire avait résidé à O..., pays natal du jeune sous-lieutenant. Les diverses phases de l'évasion de M. Wish... sont des plus émouvantes.

Avant de le quitter, je lui demande si nous pouvons compter sur les troupes en formation.

Il me répond qu'elles laissent beaucoup à désirer, mais qu'elles vont être commandées par Faidherbe, un excellent général ; que, du reste, l'armée du Nord aura un noyau de très bons soldats, les marins.

11 DÉCEMBRE

Je suis attaché à l'ambulance du quartier général. Cette ambulance reçoit l'ordre de partir le lendemain pour St-Quentin par la voie ferrée.

Prendre le chemin de fer, quoi de plus facile ? Mais encore faut-il payer sa place et je n'ai pas un rouge liard dans mon porte-monnaie.

Il me vient à l'esprit que j'ai droit à mon arriéré de solde. Je cours aux bureaux de l'intendance.

Un officier d'administration me reçoit fort mal.

« On ne règle rien le dimanche et les bureaux du payeur sont fermés, me dit-il. »

(1) Je ne me doutais guère alors que l'on contesterait la réalité de cette blessure.

Après une violente altercation, qui pour un rien aurait dégénéré en voies de fait, je me décide à m'adresser à l'intendant en chef, M. Richard.

Assis devant un bureau couvert de paperasses, un gros homme à cheveux blancs, bourru, d'humeur massacrante, avait l'air très affairé. Il tournait le dos à une femme moins âgée que lui, mais déjà grisonnante, qui tisonnait dans l'âtre,

« — Monsieur l'intendant, lui dis-je, on refuse de me payer dans vos bureaux sous prétexte que c'est aujourd'hui dimanche. Il me sera impossible de partir demain. »

« — Ah ! vous refusez de partir, Monsieur, je vous ferai fusiller. »

« — Quand je devrais me rendre à pied ou sur mes genoux, je partirais quand même, mais j'aurais voulu prendre le chemin de fer avec mes camarades et je n'ai pas d'argent. »

Sa femme vient vers lui, le regarde. Quelle puissance dans son regard ! Le vieux cerbère se radoucit.

« — On refuse de vous payer, Monsieur ! » En disant ces mots, il griffonne à la hâte quelques mots qu'il me remet sous pli cacheté.

« Allez, me dit-il. Si on n'exécute pas mes ordres, venez m'en rendre compte. »

L'officier d'administration naguère si insolent obéit sans mot dire et le payeur se montre au moins aussi complaisant.

Je ne lui en veux pas à ce brave intendant. Si tout le monde avait usé de la même énergie à Metz, nous ne serions pas dans l'embarras.

12 DÉCEMBRE

Nous montons en chemin de fer à huit heures.

Le médecin en chef de l'armée, M. Lav... nous accompagne.

Pendant le trajet, nous remarquons que le fil télégraphique a été coupé sur deux points. Une légère couche de neige permet de distinguer des pas de chevaux. Ce sont les uhlans, pensons-nous.

Nous arrivons à St-Quentin à deux heures de l'après-midi. Nous y séjournons trois jours.

14 DÉCEMBRE

Nous recevons l'ordre de partir demain pour Corbie.

15 DÉCEMBRE

Le départ a lieu à sept heures du matin dans un omnibus de grandes dimensions. Le trajet se fait au pas.

16 DÉCEMBRE

Nous arrivons à Corbie à quatre heures de l'après-midi. Nous sommes logés chez M. Langlois, un honnête chapelier.

17 DÉCEMBRE

L'armée part dans la direction d'Amiens. L'ambulance ne la suit qu'avec de très grandes difficultés. Notre omnibus met deux heures à gravir une pente des plus rapides. Le conducteur a dû retourner à Corbie pour s'y procurer des chevaux de renfort. Nous arrivons à Longueau avec deux heures de retard.

La bataille va-t-elle commencer ? Six longues heures d'attente pendant lesquelles se passent sous nos yeux des scènes qui souvent tournent au burlesque. La population du village se jette sur des individus qu'à tort ou à raison elle prend pour des espions.

A cinq heures, on nous apprend que les Prussiens sont partis et que les 500 hommes qu'ils ont laissés dans la citadelle menacent de bombarder la ville si les Français tentent d'y entrer ou si les habitants ne fournissent pas les rations demandées.

L'armée française se replie sur Corbie dans la soirée ; l'ennemi n'accepte pas le combat.

Le médecin en chef part à la hâte pour Cambrai.

Le souper chez M. Langlois s'annonce joyeux. Les convives sont plus nombreux que les jours précédents. L'ambulance du quartier général vient de se compléter par l'arrivée d'un jeune aide-major, M. Lucotte (1), et un certain Tison, ami de notre hôte, s'est assis à notre table. Ce monsieur se dit chef des éclaireurs de l'armée du Nord. Il nous raconte les mille et une ruses auxquelles il a recours pour faire parvenir des dépêches à Paris. Deux de ses agents ont pu franchir les lignes prussiennes et revenir à Amiens. Il espère que la France sortira victorieuse de la lutte : « Paris, nous dit-il, dispose de 3,000 bouches à feu. De son côté, Bourbaki fera tous ses efforts pour rejoindre Faidherbe et l'armée de la Loire nous réserve des surprises. »

En voyant ce relèvement de la France et cette organisation des armées, toute l'assistance est prise d'un bel élan de patriotisme.

(1) Je viens de lire son nom — Octobre 1886 — dans le martyrologe du Tonkin.

M. Langlois nous offre le champagne et nous buvons à nos victoires futures.

18 DÉCEMBRE

Quel roulement de voitures dans les rues de Corbie! Il est midi. « Ce sont des canons! s'écrie-t-on autour de nous. » La population se précipite pour les voir défiler. Trente superbes bouches à feu sont en quelques minutes disposées sur trois rangs devant l'hôtel-de-ville.

L'organisation de l'armée du Nord n'est donc pas un mythe? Faidherbe va pouvoir se défendre et au besoin prendre l'offensive.

Avant de nous retirer, nous promenons amoureusement nos yeux sur ces terribles engins de guerre.

19 DÉCEMBRE

M. Tison est toujours avec nous. Il nous apprend qu'un de ses agents en route pour Paris a été pris par nos troupes pour un espion prussien. Il se désole de ce fâcheux contre-temps.

Alerte à dix heures du matin. Ce sont quatre uhlans.

20 DÉCEMBRE

A midi nous entendons le canon. Je monte à la hâte sur le clocher de Corbie. De là je distingue que l'on se bat aux portes d'Amiens, à trois lieues de nous environ.

Nous nous tenons prêts à partir.

21 DÉCEMBRE

L'affaire d'hier était peu importante. 2,500

Prussiens sortis d'Amiens ont été repoussés par un bataillon de mobiles et un bataillon de chasseurs à pied.

A Corbie, on s'attend à une bataille. On élève des barricades dans les rues de la ville; le pont sur la Somme est imprégné de pétrole.

Le bruit court que nos troupes atteindront l'ennemi dans les positions qu'elles occupent.

22 DÉCEMBRE

Le froid est vif. Toute la journée nous nous promenons dans les rues de Corbie, espérant entendre le canon.

23 DÉCEMBRE

Le froid est moins vif que les jours précédents ; les rayons du soleil finissent par chasser la brume du matin, mais c'est un soleil d'hiver, et comme le dit en quelque endroit Victor Hugo, il a l'air d'un pauvre.

Le canon !! On entend le canon dans la direction de Pont-Noyelles.

Je gravis à la hâte avec Lucotte les marches du clocher de Corbie. Nous apercevons distinctement les deux armées. Les Français occupent les hauteurs de la rive gauche de l'Hallue, petit affluent de la rive droite de la Somme. La ligne de bataille s'étend des falaises de Daours jusqu'au village de Quérieux. Les combattants disparaissent dans un nuage de fumée.

Les blessés vont arriver. Nous nous empressons de descendre.

Le médecin en chef de l'armée dirige l'ambulance sur Quérieux, puis revient sur ses pas pour l'installer à Pont-Neuville, chez les sœurs de la doctrine chrétienne.

Le premier blessé qui s'offre à nos regards est un mobile dont la cuisse a été enlevée par un éclat d'obus. Il repose sur le brancard qui a servi à l'apporter. Les muscles palpitent, grimacent dans cette horrible mutilation. Nous nous contentons de donner un cordial à ce malheureux; il ne pourrait certainement pas supporter la désarticulation de la hanche.

Tout à coup se présente crânement à nous un blessé. Il demande à être opéré sans être endormi. On lui enlève le pouce et l'indicateur de la main droite sans qu'il pousse un cri, sans qu'il fasse le moindre mouvement.

Nous tenons à connaître son nom. Il nous dit qu'il se nomme Beslay et qu'il est né à Chaussin (Jura).

Je le complimente sur son courage et lui apprends qu'il est mon compatriote

Un autre blessé veut l'imiter ; il refuse obstinément le chloroforme. Dès qu'il sent le froid de la lame, il pousse des cris perçants et fait des mouvements désordonnés. Aussi, pendant qu'on lui ampute la jambe, suis-je obligé de faire des efforts inouïs pour l'immobiliser.

Arrive un quatrième blessé qui, lui, demande à être endormi. Cette fois il s'agit d'une amputation de l'avant-bras. C'est moi qui dois la pratiquer. Surprise désagréable! le couteau tremble dans ma main, ce qui ne laisse pas que de m'humilier, car j'opère pour la première fois sous les yeux de mes camarades de l'armée du Nord. A quoi tient ce tremblement? Je ne le sais que trop. Aussi je me promets de laisser à d'autres, à l'avenir, le soin de maintenir les blessés.

A minuit toutes les opérations sont terminées.

On dit à Corbie que nous avons remporté la

victoire. Quelques-uns affirment que la bataille reste indécise et qu'elle recommencera probablement demain.

24 DÉCEMBRE

On vient nous annoncer au milieu de la nuit que le départ aura lieu à cinq heures et demie. Le rendez-vous est à l'hôtel-de-ville.

Tout le monde est prêt longtemps à l'avance. Il est nuit encore ; le froid est vif. Pendant que nous nous promenons à grands pas autour de nos voitures d'ambulance, deux personnages, le capuchon rabattu sur le visage, se tiennent à l'écart. Leur allure nous semble suspecte ; nous les prenons pour des espions.

Nous ne partons qu'à sept heures. En gravissant le plateau de la Houssoye, M. Lav... me semble pensif. Tout à coup, il m'adresse la parole :

« Nous ne sommes pas battus, mon ami, nous ne fuyons pas. Nous allons à la Houssoye et ce village n'est qu'à cinq kilomètres de Corbie. Voyez-vous Faidherbe résister aux vieilles bandes prussiennes avec des troupes à peines organisées ! »

Les prétendus espions de tout à l'heure sont deux médecins d'une ambulance internationale. Ils nous ont suivis et chemin faisant, se sont présentés au médecin en chef.

A l'entrée du village notre attention est attirée par un groupe de soldats ; au milieu de ce groupe se trouve un marin étendu sur un brancard ; il a les deux cuisses fracassées et il ne lui reste qu'un souffle de vie. Il a passé la nuit sur le

C'est Faidherbe avec son état-major ! etc.

Page 233.

champ de bataille. Je porte ma gourde à ses lèvres ; bientôt une légère coloration des joues nous indique que le sang a repris son cours dans ce corps à demi-glacé.

Avant d'installer l'ambulance, nous dit M. Lav..., allons sur la route de Quérieux et voyons si quelque autre malheureux n'a pas été oublié sur le terrain.

Le soleil se lève. Une légère couche de neige recouvre le sol. Le thermomètre marque 15° au-dessous de zéro. Les troupes sont disséminées sur le plateau ; elles ont passé la nuit sans tentes et sans feu sur les positions qu'elles occupaient pendant la bataille.

En retournant au village de la Houssoye, nous apercevons au loin sur la grand'route un superbe cavalier. Il vient à nous. La distance qui nous sépare diminue, et déjà nous distinguons l'uniforme de l'officier d'artillerie.

O surprise ! Au moment où il passe à côté de nous, je reconnais Bodin. (1) Il est chef d'escadron et il n'a pas trente-deux ans !

« — Vous ici, lui dis-je ! »

« — Je me suis évadé de Metz après la capitulation. »

« — Et maintenant, où allez-vous ? »

« — Je commande l'artillerie de l'aile droite de l'armée et je vais envoyer quelques obus aux Prussiens. Je tiens à savoir s'ils veulent recommencer. »

« — Quel est ce groupe que l'on aperçoit à l'entrée du village ? »

« — C'est Faidherbe avec son état-major ! Il a passé la nuit dehors ; sa barbe est pleine de glaçons, et cependant il ne semble pas s'apercevoir

(1) Voir page 189.

du froid. Ah! si nous avions eu un général de cette trempe à la tête de l'armée du Rhin!»

A dix heures on se bat du côté de Quérieux. A midi nous recevons de soixante à quatre-vingts blessés, presque tous du 17e bataillon de chasseurs à pied. Ce bataillon est allé se heurter contre le village où les Prussiens, postés derrière des murs élevés, les ont décimés.

De nombreux mobiles quittent le champ de bataille et viennent se réfugier dans les ambulances. Un d'entre eux, pour ne plus se battre, s'est fait sauter l'index de la main droite.

A une heure on parle de retraite; nous serions, paraît-il, sur le point d'être tournés. (1)

Nous partons pour Albert à trois heures.

25 DÉCEMBRE

Nous quittons Albert pour Arras à sept heures du matin. Le thermomètre marque 23° au-dessous de zéro. Le froid est si intense que nous ne pouvons rester en voiture. Nous descendons

(1) Voici la vérité sur la bataille de Pont-Novelles:
On se disputa vigoureusement les villages de la vallée: les Prussiens ne purent pas les dépasser, ni déloger Faidherbe de ses positions sur la hauteur. Pont-Novelles pris et repris dans la journée fut évacué le soir à la suite d'une panique. Les Français, d'autre part, furent repoussés dans une tentative pour tourner la gauche ennemie par la tête de la vallée, à Contay. Toutefois la bataille restait indécise, et le 24, les Allemands se fortifiaient en attendant Senden et de nouveaux renforts de Paris, quand Faidherbe décampa en bon ordre et se retira vers Arras et Douai. Ses jeunes soldats manquaient de vivres et de défenses suffisantes contre le froid. D'ailleurs, il calculait que l'ennemi, toujours en mesure de recevoir des renforts, ne pouvait être vaincu qu'au premier moment. — *Précis de la Guerre Franco-Allemande*, par le colonel Fabre de Navacelle, page 284.

et nous marchons en grelottant. La bise nous cingle le visage. Des glaçons pendent à toutes les barbes.

« Que vous êtes heureux de pouvoir grelotter, nous dit M. Lav.. » Et là-dessus, le vieux professeur du Val-de-Grâce nous fait une théorie à perte de vue sur le frisson. Il se résume en nous disant : « Le frisson est la lutte de l'organisme contre l'abaissement de température. Chez moi, plus de frisson ; je suis trop vieux. »

Nous arrivons à Arras dans la soirée.

26 DÉCEMBRE

On bat la générale pendant la nuit. Le bruit se répand que l'ennemi tente de nous tourner. Les troupes évacuent la ville. L'ambulance part à sept heures et se dirige sur Frampoux.

Arrivés là nous ne savons que faire. Resterons-nous dans cette localité, ou irons-nous plus loin, et dans quelle direction ? Tout à coup arrive un sous-lieutenant du train porteur d'une dépêche. « C'était une alerte peu importante, nous dit-il. »

Nous revenons à Arras.

27 DÉCEMBRE

Nous recevons l'ordre de partir à trois heures pour Vitry en passant par Frampoux.

A peine avons-nous quitté Arras qu'un jeune prêtre demande à monter dans notre voiture. Tous les médecins de l'ambulance hésitent, se disant que ce personnage pourrait bien être un espion. J'ouvre la porte de l'omnibus et je le fais monter non sans lui dire :

« — Monsieur, nous n'avons pas l'honneur de vous connaître ; si vous êtes aumônier dans l'armée du Nord, vous aurez la bonté de nous en fournir la preuve aussitôt que l'occasion s'en présentera. »

« — Très-bien, Monsieur, me répond-il, mieux que personne je comprends vos soupçons. »

Arrêt d'une demi-heure à Frampoux. J'ai déjà perdu de vue mon jeune abbé, lorsque je le vois venir à moi en compagnie de deux officiers de mobiles. L'aventure se termine par un échange de poignées de main.

La nuit tombe au moment où nous quittons le village. Une mince couche de neige ne nous permet que difficilement de suivre la route. A peine avons-nous fait un kilomètre que notre voiture penche, penche et finit par verser. Les jeunes gens font de la gymastique et sont bientôt dehors. Le vieux médecin en chef est immobile et ne dit mot. Il nous donne un instant d'inquiétude. Nous le tirons par les pieds ; il est sain et sauf. Mais du fond de la voiture partent des gémissements. Un officier d'administration avait au moment de la chute un bras hors d'une des portières ; ce bras est pris entre la voiture et le sol. Nous nous hâtons de soulever le lourd omnibus et nous parvenons à délivrer le malheureux.

Qui redressera la voiture ? Nous ne pouvons l'ébranler qu'avec peine.

Vient à passer un bataillon de mobiles. « De grâce, Messieurs, un petit effort. » Personne ne répond ; les soldats continuent leur chemin sans même tourner la tête de notre côté. Un aide-major se dévoue ; il court à Frampoux et ramène avec lui une dizaine de paysans.

Nous continuons notre marche en avant, mais à pied.

« Vous souvient-il, mes amis, nous dit le médecin en chef, du fameux accident de chemin de fer de Frampoux? C'est décidément un lieu maudit. »

28 DÉCEMBRE

Nous arrivons à Vitry à une heure après minuit. Chacun se met à la recherche d'un gîte. Je m'installe avec un officier d'administration chez un petit aubergiste de la ville. Nous nous apprêtons à passer la nuit près d'un foyer ardent, sur un lit de paille.

Nous sommes à peine endormis que l'on entend un tapage infernal dans la rue. « Ouvrez-nous, crie-t-on, en frappant à coups redoublés ; ouvrez-nous, nous sommes les mobiles du Gard. »

L'aubergiste fait la sourde oreille. « Ouvrez, lui disons-nous, » car il a la clef dans sa poche. Il s'emporte et nous prie de nous occuper de nos affaires.

Un soldat du train qui est là engage l'aubergiste à résister. Il ajoute même ce propos : « Pendant les combats on n'aperçoit que mobiles du Gard sur les grands chemins. »

Mais les mobiles s'impatientent, car la porte résiste à leurs efforts. Tout à coup on entend des éclats de vitre dans la chambre de derrière. Les soldats pénètrent dans la maison par une fenêtre. Nous tremblons pour l'hôtelier. Ne va-t-on pas lui faire un mauvais parti ?

« Drôle ! se contente de lui dire un sous-officier, vous tenez donc bien à nous voir périr dans la neige. Ah ! si vous aviez eu affaire à des Prussiens, vous auriez bien vite ouvert portes et fenêtres. Allons ! vite à boire, vite à manger. »

« Mais je n'ai plus rien, mes enfants. Les autres ont tout enlevé. »

« Ah! le vieux farceur! Il nous appelle ses enfants, maintenant! et tout-à-l'heure il voulait nous faire crever de froid dans la rue! »

Durant toute la nuit, ces hommes affamés, grelottants, ne tarissent pas en saillies, en bons mots : « Rien pour se gargariser le fanal! Rien à bouffer! Mauvaise garnison! » Elle est endiablée la verve méridionale.

Oh oui! ces enfants du Midi sont bien dépaysés dans ce froid pays du Nord! Causeurs, d'humeur joviale, ils interpellent quiconque les rencontre sur les routes. Aussi qui ne connaît les mobiles du Gard!

Je tiens du commandant Bodin qu'ils se battent bien. Le soldat du train les a donc calomniés.

29 DÉCEMBRE

Le matin je me mets à la recherche de mes camarades de l'ambulance. Je les trouve chez M. Sandémont, médecin de la ville. Ma première pensée est de venir m'installer auprès d'eux.

Madame Sandémont est une petite femme grassouillette, de trente ans environ. Sa physionomie ouverte indique que la bonté est le fond de son caractère. Aussi suis-je à peu près certain de gagner ma cause.

« — Je serais heureux, Madame, d'avoir une place sous votre toit pour la nuit prochaine. »

« — Mais Monsieur, je n'ai plus de lits à vous offrir ; peut-être que demain... »

« — Qu'à cela ne tienne, Madame, je me contenterai de ma peau de mouton. »

Le soir nous sommes nombreux autour de la table du médecin de campagne : le médecin en chef de l'armée, un colonel du génie, deux médecins principaux, quatre aides-majors et deux officiers d'administration.

Au dessert les vins fins coulent à pleins bords; la conversation s'anime. Chacun se permet de porter un jugement sur les hommes et les événements.

« L'illustre Gaudissard ne cessera-t-il pas bientôt de ruiner le pays en hommes et en argent, s'écrie tout à coup M. X... médecin principal. »

Cette façon irrévérencieuse de traiter Gambetta ne plaît pas aux aides-majors; ils veulent la guerre à outrance.

« Allons donc! reprend le médecin principal, la partie est perdue et bien perdue. Paris succombera. Du reste, quels hommes avez-vous? des Crémieux, des Glais-Bizoin, des polissons. »

Le chef de l'ambulance, M. Pop... se plaint amèrement de ce pessimisme.

Le colonel du génie se met à parler de l'Empereur et de l'Impératrice.

« Napoléon III, dit-il, est un homme médiocre qui, dans les premières années, a été conseillé par des coquins de génie, et à la fin de son règne, par des coquins imbéciles. Il n'a jamais fait le mal pour le mal. . . . . . . »

Le médecin en chef de l'armée amène la conversation sur les intendants, sur les officiers d'administration. Pourquoi oublie-t-il que deux officiers d'administration sont assis à notre table?

« Le comptable N... dit-il, n'a-t-il pas mangé la grenouille en 1868? »

A ces mots, M. X..., le comptable de notre ambulance, riposte d'un air courroucé: « Le docteur Lapommeraye n'a-t-il pas empoisonné ses malades? »

Mon chef est assimilé au général de brigade;

le comptable N... au capitaine. La situation est délicate. M. Lav... en homme d'esprit continue à parler comme s'il n'avait rien entendu.

30 DÉCEMBRE

Je rencontre le commandant Bodin. Il m'apprend qu'une bataille est imminente.

31 DÉCEMBRE

Après avoir chaudement remercié M. et Mme Sandémont, nous partons à sept heures pour Rouville, faubourg d'Arras. Nous y sommes logés chez un certain Sandémont, brasseur. Il nous accueille en faisant force révérences, mais nous installe dans une cave humide, avec un matelas pour M. Lav... et de la paille pour les autres. Un peu moins de politesses et un peu plus de matelas aurait mieux fait notre affaire.

« Voilà un monsieur, nous dit M. Lav... qui ne ressemble guère à son homonyme de Vitry. »

Au moment où nous nous disposons à prendre du repos, nous nous apercevons que le matelas a disparu. Un sous-officier de mobilisés qui se l'est approprié, refuse énergiquement de le rendre ; il se dit malade.

« Visitez-le, me dit le médecin en chef ; s'il est malade, envoyez-le à l'hôpital ; si non, prenez-lui le matelas. » Il se portait bien.

1er JANVIER

Nous partons dans la matinée pour Baurains, village situé à trois kilomètres de Rouville.

2 JANVIER

Aujourd'hui seulement nous nous apercevons qu'hier était le premier jour de l'année.

Nous quittons Baurains à 7 heures du matin pour nous diriger sur Bapaume.

Nous déjeunons à Boiry-Becquerelle, chez le maire, vieillard qui se montre aimable. Il se plaint amèrement que Gambetta persiste à continuer la lutte.

A midi nous entendons le canon à quelques kilomètres : C'est une bataille!

En attendant les blessés nous nous promenons sur la grand'route. Au loin nous apercevons de nombreux mobiles et mobilisés venant gaillardement de notre côté, le fusil sur l'épaule.

« Arrêtez-moi ces hommes-là, me dit M. Lav..»

« — Halte-là. Où allez-vous? » crié-je aux trois premiers.

« — Nous sommes malades, Monsieur le Major. » Quelle autre réponse pourraient-ils faire à un médecin ?

« — Eh bien ! leur dis-je, regardez là-bas. » En même temps de la main j'indique le champ de bataille. Ils obéissent. Le bout de ma botte décrit alors un quart de circonférence dans la direction de l'un d'eux. Ils retournent en grommelant dans la direction du combat. Les lâches qui les suivent, voyant la route gardée rebroussent aussi chemin.

Il y a une demi-heure à peine que nous pansons les blessés lorsque M. Lav... m'appelle. « Vite, arrivez. Voilà un homme sérieusement blessé. » En effet, nous voyons à cent pas de nous un groupe s'avancer péniblement : deux hommes en portent un troisième sur une chaise.

« — Quelle est votre blessure? » lui dis-je.

« — Un coup de baïonnette dans le ventre, Monsieur le Major. »

« — Comment! un coup de baïonnette! »

Et dans son langage picard, il me répond :

« — Oui, nous avons couru *è-dessus.* »

Aucune trace de blessure sur le ventre.

« — C'est dans les jambes, Monsieur le Major. »

Rien sur les jambes.

« — C'est dans la poitrine, Monsieur le Major. »

Rien sur la poitrine.

« Ah! gredin, » s'écrie M. Lav..., et en même temps il administre au lâche une volée de coups de canne.

« Arrêtez-moi ces trois farceurs, » continue mon chef en s'adressant aux gendarmes présents.

Un malheureux qui perd son sang en abondance par une artère du cou a assisté à la scène ; il tremble de tous ses membres.

« Si c'est ainsi que l'on soigne les blessés, pense-t-il. »

Changement à vue chez M. Lav... Il se montre doux et empressé envers ce blessé. Il le console en lui disant : « C'était un lâche, mon ami ; il n'était pas blessé. C'est à cause de lui qu'on ne vous a pas soigné plus tôt. C'est à cause de lui que votre sang n'a coulé que trop longtemps. »

Sur nos indications, les gendarmes s'emparent d'une vingtaine de lâches qui sont venus se cacher dans l'ambulance.

Le soir, le résultat du combat n'est pas connu. On parle de villages pris, repris, etc. Les marins ont fait des prodiges de valeur. Une chose seulement est certaine, c'est que l'armée couche sur ses positions ; et l'on ne voit que fuyards sur les routes !

Ah! que n'eût pas fait Faidherbe avec l'armée de Metz!

3 JANVIER

La bataille recommence au matin.

Nous installons l'ambulance à Sarpignies chez un professeur de danse qui s'est enfui ne laissant qu'un domestique.

Dans la cuisine, sur une table, est un bœuf prêt à être dépecé. Il devait être mangé par les Prussiens. Avant de fuir, deux officiers ont songé à laisser leur carte de visite sur un meuble.

Nous avons à panser de nombreux blessés allemands. L'un d'eux qui a la jambe broyée par un éclat d'obus me demande en tremblant si l'on va le fusiller. Un autre à qui je viens d'extraire une balle des parois de l'abdomen, me prie de lui faire cadeau du projectile; il le place dans son porte-monnaie.

Nous apprenons dans l'après-midi que Faidherbe a fait reculer l'ennemi de sept à huit kilomètres, et n'a arrêté la poursuite qu'à Bapaume.

Notre joie est grande. Nous venons de remporter une victoire.

Dans la soirée en nous promenant dans les environs de l'ambulance, nous entendons un canon lointain. « C'est le canon de Péronne, sans doute, nous dit M. Lav... »

A neuf heures, un médecin-major vient nous lire l'ordre suivant :

« L'armée se dirigera demain de très bonne heure sur Arras pour s'y refaire en vivres et en munitions. »

Nous sommes consternés. Nous comprenons que c'est une retraite.

Quelle en est la cause? Notre gauche, dit-on,

n'a pu supporter le choc. Les mobilisés ont pris la fuite.

A partir d'aujourd'hui nous désespérons. Les mobiles et les mobilisés ne sont pas des soldats. (1)

4 JANVIER

Nous allons coucher à Baurains.

5 JANVIER

Nous quittons Baurains à sept heures du matin pour nous rendre à quelques kilomètres de là, à Boileux-au-Mont.

Sur la plus belle maison du village flotte un immense drapeau blanc : le château de Boileux est converti en ambulance. Une vieille dame, Madame Cuveiller, vient nous recevoir sur la porte.

« Le général Farre s'est présenté hier, nous

(1) Dès le 2 janvier, l'armée d'observation qui, à Bapaume, couvrait le siège de Péronne, était attaquée d'Achiet à Sarpignies, évacuait le premier de ces villages et se maintenait dans le deuxième. Mais le lendemain, le général de Gœben concentrait ses forces sur Bapaume, sa forte cavalerie, jetée sur les deux ailes. Le 3 janvier, l'armée française poursuivit son succès chèrement acheté, mais incontestable : les villages qui précèdent Bapaume furent successivement enlevés, et l'une des colonnes françaises aborda même Bapaume.

. . . .

Les Prussiens se retiraient pendant la nuit lorsqu'ils apprirent que les Français se retiraient de leur côté : le général Faidherbe savait que son adversaire était toujours à même de recevoir des renforts dès que la lutte se prolongeait, et il craignait de mettre ses jeunes troupes à une trop rude épreuve : ici, cependant, il eût insisté sans doute, s'il eût deviné le désarroi dans lequel la journée laissait les Allemands.

Précis de la Guerre Franco-Allemande, par le colonel Fabre de Navacelle. Page 288.

dit-elle, pour installer ses bureaux chez moi, mais je l'ai renvoyé. Quant à vous, Messieurs, entrez, je suis heureuse de vous recevoir parce que vous êtes médecins. »

Un souper pantagruélique nous est servi. Au dessert arrivent les vins fins : Vins du Rhin, Porto, Moulin-à-Vent, Arbois, etc., etc.

Non contente de nous offrir ses meilleurs crûs, notre hôtesse nous adresse des paroles aimables :

« Jusqu'à ce jour, nous dit-elle, j'avais pris les médecins militaires pour des hommes durs, des bourreaux, mais il suffit de vous voir, Messieurs, pour se convaincre du contraire. »

Décidément cette excellente dame a envie de nous garder le plus longtemps possible, me dit tout bas M. Lav... Elle serait désolée que sa maison ne fût pas une ambulance.

Mais où coucherons-nous ? M. Lav... et le chef de l'ambulance, deux vieillards, resteront au château. Les jeunes gens iront reposer au couvent, chez les sœurs de la Sainte-Famille.

« On ne vous recevra pas, Messieurs, nous dit une sœur hospitalière au service de Madame Cuveillier, à moins que Monsieur le curé de Boixleux n'accorde cette autorisation, ce qui est bien douteux. »

Au moment où nous allons quitter la table, M. Lav... en veine de belle humeur, nous donne un conseil paternel : « Allez, mes enfants, et si l'on s'obstine à ne pas vouloir vous ouvrir la porte, rappelez-vous qu'il faudra procéder par insinuation. A l'aide de ce précepte, il est toujours possible d'enlever une position. »

Les saintes filles nous accueillent en tremblant ; notre présence les effarouche. Leur règlement ne leur défend-il pas de loger même un parent sous leur toit ? Mais déjà le curé de la localité leur a fait comprendre qu'elles pourraient nous recevoir sans pécher.

La supérieure nous introduit dans le dortoir des pensionnaires et disparaît. Mon camarade T..., un Toulousain, pousse de sa plus belle voix de ténor, le grand air de Faust : « Salut, demeure chaste et pure, salut ! etc. — Chut, chut, silence ! » Ce n'est pas sans peine que nous parvenons à lui faire comprendre que ce dortoir n'est pas un théâtre. « La cage est belle, fait-il, mais les oiseaux se sont envolés. »

Après nous être bien assurés que les sœurs ne peuvent nous entendre, nous donnons libre cours à la conversation. Le Porto, le vin du Rhin, nous font voir le siège de Paris levé, la patrie sauvée, etc., etc.

Ce n'est que bien avant dans la nuit que le sommeil nous gagne.

Le matin, en nous éveillant, nous nous trouvons dans une atmosphère de dévotion : sur tous les murs des cartes géographiques dont les continents, les mers, les caps, les détroits portent des noms symboliques : le cap de la Piété, l'isthme du Sacré-Cœur, le détroit de la Sagesse, etc., etc.

Nous quittons notre dortoir à sept heures. La supérieure et une sœur nous attendent.

« — Avez-vous bien reposé, Messieurs ! »

« — Très bien, Mesdames. »

« — Les militaires sont réellement d'autres gens que nous ne nous l'étions imaginé, » nous disent-elles.

Que répondre à de pareils compliments ? Une tire-lire est suspendue au mur, tous nous y déposons notre offrande.

6 JANVIER

Les éclaireurs de l'armée du Nord amènent à Boixleux quarante uhlans qu'ils viennent de faire prisonniers. L'officier qui les commandait a le bras traversé par une balle.

Son pansement terminé, il demande ses bottes ; l'aide-major T... les lui apporte. M. Lav..., d'un air courroucé, l'invite à sortir avec lui :

« — Comment ! T..., vous, un aide-major français, vous venez de remplir le rôle d'un domestique avec un officier prussien ! C'est honteux ! Je ne sais ce qui me retient de vous infliger une punition sévère. »

« — Monsieur le médecin en chef, j'ai pris ce Prussien pour un malade. »

« — Taisez-vous. »

Quelques instants après, grand émoi dans l'ambulance. Le général Faidherbe est là. Il cherche un local pour y installer ses bureaux. « Il me faut bien peu de place, dit-il, deux pièces me suffiront. »

Madame Cuveiller l'accueille aussi froidement que le général Farre il y a quelques jours. Elle redoute tant que son château ne soit plus considéré comme une ambulance en cas de bataille livrée dans les environs du village !

Le général vient de trouver deux pièces à son gré. Madame Cuveiller voyant qu'avec ses airs rogues elle va perdre sa cause, prend tout à coup un ton doucereux et flatteur :

« — J'ai toujours entendu dire, Monsieur, que vous étiez le plus humain des généraux. »

« — Hélas ! Madame, répond Faidherbe, vous ne sauriez croire combien je souffre de faire tuer tant d'hommes, mais il le faut. »

Le général est désarmé. Il abandonne la place et va chercher à se loger ailleurs.

Le dégel commence.

7 JANVIER

Je rencontre mon ami Bodin. Il m'apprend que les combats du 2 et du 3 nous ont été plus favorables qu'on ne l'avait cru d'abord et que l'affaire décisive approche.

« Paris, continue-t-il, devait au dire d'un grand nombre, capituler le 5 ou le 6 de ce mois, et il n'en est rien. J'espère même qu'il tiendra jusqu'aux premiers jours de mars. »

Le dégel continue.

8 JANVIER

Nous apprenons que Bourbaki est à Dijon.

Le bruit se répand que deux bataillons de volontaires scandinaves ont rejoint l'armée du Nord.

9 JANVIER

Nous recevons l'ordre de partir demain pour Bapaume. Notre départ est subordonné à l'évacuation de cette ville.

Au repas du soir, Madame Cuveillier est triste ; Elle nous voit partir avec peine ; elle verse des larmes.

Ah ! Messieurs, nous dit-elle, quel fléau que la guerre ! Les Jésuites sont bien coupables de l'avoir déchaînée sur la France.

Jusqu'à ce moment, nous l'avions crue dévote.

Elle se montre si bonne pour les blessés ! et puis ne loge-t-elle pas sous son toit une sœur hospitalière ?

Elle est voltairienne. Dans le pays on la dit folle.

A un moment donné, ne pouvant surmonter son émotion, elle quitte la table.

M. Lav... nous dit alors : Cette bonne dame est malade ; elle est atteinte de *mélancolie*. Le savant professeur continue à faire une longue dissertation sur cette disposition maladive de l'esprit. Il nous cite plusieurs aphorismes, entre autres les suivants :

« La mélancolie vient du caractère. »

« La tristesse vient de la vie. »

10 JANVIER

Nous quittons Boixleux à une heure après midi, pour nous arrêter à trois kilomètres de là, à Bayelles.

Nous descendons chez l'aubergiste du village. Il ne possède qu'une pièce au fond de laquelle est une cave.

Que nous sommes pauvrement logés ! Aussi M. Lav... éprouve-t-il un réel plaisir en apercevant un lit propret dans un des coins de la salle. Il sait que ce lit sera pour lui.

M. Pop..., le chef de l'ambulance, absent jusqu'à ce moment, vient nous rejoindre.

« — Où passerez-vous la nuit ? » lui demande M. Lav...

« — Dans ce lit, je pense. »

Et un moment après, M. Lav..., s'adressant à la maîtresse de la maison.

« — Où coucherez-vous, Madame ? »

« — Dans ce lit, je crois. »

« Mon ami, me dit mon chef en riant aux éclats,

notez qu'à Bayelles le père Pop... a voulu coucher avec la bourgeoise. »

Le pauvre cher homme s'aperçoit bien vite qu'il est condamné à passer la nuit dans la cave avec les aide-majors.

Dieu ! quelles horribles paillasses ! Que de mobiles et de mobilisés les ont foulées ! Nous faisons contre fortune bon cœur. Chaque aide-major, pour consoler le père Pop... raconte à tour de rôle ses aventures les plus drôlatiques.

11 JANVIER

Un aide-major nous arrive de Lille. Il nous apprend que Bourbaki a remporté une grande victoire dans la Haute-Saône.

12 JANVIER

Le départ pour Bapaume a lieu à huit heures du matin. La plupart marchent à pied pour pouvoir mieux observer les lieux où l'on s'est battu les 2 et 3 janvier. Les maisons de Béhagnies et de Sarpignies sont crénelées. De nombreux cadavres de chevaux sont encore sur le bord du chemin.

Les aide-majors se plaignent de démangeaisons. Le dégel nous a donné des engelures. Nous pensons bien un peu aux paillasses de Bayelles.

Chemin faisant, nous apprenons la reddition de Péronne. On dit que le général Faidherbe est entré dans une violente colère en apprenant cette capitulation.

Un jeune aide-major de notre ambulance, M. Mouronval, originaire de Bapaume, nous procure un logement des plus confortables chez M. Jacquillot, notaire.

Madame Jacquillot, jeune et jolie femme, fait

avec beaucoup de grâce les honneurs de sa maison.

Dans l'après-dînée, M. Lav... nous invite à visiter avec lui l'hôpital de la ville. Nous sommes reçus sur la porte de l'établissement par deux médecins prussiens. Notre chef les salue d'une façon hautaine et visite avec eux toutes les salles sans leur adresser la parole. Quelle haine pour le Prussien !

M. Jacquillot nous dit que Faidherbe aurait pu facilement s'emparer de Bapaume le soir même de la bataille. Les Prussiens s'y attendaient puisqu'ils disaient : « Ce soir, soupe faite pour les Français. » Le lendemain, en apprenant que les Français s'étaient retirés, ils disaient : « Français, peu capables. »

13 ET 14 JANVIER

Nous apprenons le bombardement de Paris. Les obus tombent sur le Val-de-Grâce, la Salpêtrière, St-Sulpice, etc.

Ah ! les Vandales, s'écrie M. Lav... sur le ton de la plaisanterie. Qu'ils n'aillent pas brûler ma maison ! Qu'ils n'aillent pas détruire mon article *Choléra* que je viens d'achever pour le grand dictionnaire de Dechambre.

15 JANVIER

Nous quittons Bapaume à huit heures du matin. Nous arrivons à Albert à cinq heures du soir. On nous y raconte les horreurs commises par les Prussiens : femmes battues, traînées par les cheveux ; hommes frappés à coups de sabre ; vol, pillage, etc., etc.

En entendant ce récit, M. Lav... devient belliqueux, parle de la guerre de trente ans. « Oh oui ! s'écrie-t-il, Schiller a bien dépeint ses compatriotes dans ses *Brigands*. »

Nous apprenons la défaite de Chanzy. C'est la ruine de nos dernières espérances.

16 JANVIER

Nous quittons Albert à cinq heures pour nous rendre à Etricourt. Le médecin en chef de l'armée part de bonne heure pour Cambrai.

17 JANVIER

A dix heures du matin, nous entendons le canon au loin.

Nous partons à onze heures pour Vermand. M. Lav... nous rejoint dans l'après-dînée. Il est accompagné d'un pharmacien-major dont la tournure grotesque fait rêver à Quasimodo.

Comme cela nous est arrivé souvent, nous prenons notre repas dans l'omnibus, un verre pour dix.

« Dites-donc, Monsieur le pharmacien-major, quand on est affligé d'un cancroïde sous le nez, on fait en sorte d'avoir un verre pour soi. »

Cette réflexion de M. Lav... égaie les aide-majors

Nous arrivons à Vermand à minuit. Nous frappons à toutes les portes, mais toutes les maisons, tous les corridors sont bondés de soldats.

« Pouah ! comme cela sent l'homme, dit notre chef. Allons dormir dans un grenier ; peut-être y trouverons-nous de la place. »

Nous sommes assez heureux pour trouver un fenil.

A trois heures après minuit arrivent de nouveaux régiments dans le village. Des soldats grimpent par une échelle auprès de nous, mais comme l'obscurité est complète, ils nous marchent sur le corps.

Tout à coup j'entends la voix de M. Lav... « On me vole ma paille. Au secours ! »

Je vais à tâtons vers lui et je me heurte à une masse, à un soldat, que je repousse avec précaution pour ne pas le jeter dans la grange.

18 JANVIER

Nous partons à sept heures du matin pour St-Quentin. Nous y arrivons à midi.

A peine suis-je descendu de l'omnibus que je me hâte de faire d'abondantes provisions de bouche.

A une heure une vive canonnade s'étend sur Vermand. Nous repartons à deux heures dans la direction du combat.

A la nuit tombante, nous traversons une vallée. Le chemin est encaissé et rempli d'eau. Nous descendons de la voiture pour ne pas être noyés si elle venait à culbuter. Je donne le bras à M. Lav... Mais sur le sol se trouve encore par ci, par là, de la glace ; mon pied glisse et je roule dans l'eau boueuse. C'est un vrai bain.

Pour sortir de la vallée, il faut gravir une longue rampe. La route est défoncée ; les chevaux refusent d'avancer. Pendant plus d'une heure l'officier comptable, M. X... s'évertue en vain à remettre les voitures en mouvement. La nuit est noire. L'on entend des coups de fusil à quelques centaines de pas. Un officier d'administration, le second de M. X... que tant de lenteur impatiente, prend résolument le commandement du convoi et à la grande stupéfaction de son chef nous tire d'embarras.

Nous arrivons à Athies à dix heures.

A dix heures et demie, au moment de continuer notre marche sur Vermand, un paysan nous apporte un contre-ordre : « Il faut rebrousser chemin et arriver au plus vite à St-Quentin. »

Retournerons-nous par le chemin si difficile que nous venons de parcourir ou bien par Vermand ? Un habitant du pays nous ramène par une troisième route. Il nous donne quelques renseignements sur le combat de l'après-dînée : « Une de nos brigades a d'abord beaucoup souffert, mais les Prussiens ont à la fin été repoussés dans leurs lignes. »

En traversant le village de Savy, nous apprenons que les coups de feu entendus dans la soirée ont été tirés sur l'ambulance par une reconnaissance de uhlans.

Nous sommes de retour à St-Quentin à deux heures après minuit.

On nous délivre à la mairie des billets de logement. Mouronval et moi, nous passerons la nuit chez M. Humbert, négociant.

Nous allons frapper à sa porte. Personne ne répond. Mouronval me voyant grelotter sous mes vêtements trempés, frappe à coups redoublés ; il ébranle la porte sur ses gonds. Tout à coup elle s'ouvre et deux femmes d'un âge mûr se présentent pour nous recevoir. Elles tremblent de frayeur.

« — Que désirez-vous, Messieurs ? »

« — Un logement pour la nuit, Mesdames. »

« — Mais nous n'avons pas de lits. »

« — Des lits ! Nous saurons nous en passer. Un peu de place dans un corridor, cela nous suffira. »

« — Nous avons mieux qu'un corridor, Messieurs, vous dormirez sur des matelas dans une chambre chauffée. Louise, occupez-vous de ces Messieurs. »

Au même instant une jeune bonne, remarquablement belle, s'avance une bouteille à la main. A l'aspect de mes vêtements couverts de boue, elle est prise de pitié ; elle me les demande en disant : « Vos vêtements seront propres et secs demain matin.

Une bouteille de Malaga ! Des biscuits ! La surprise est aussi agréable qu'inattendue.

Un quart d'heure après nous reposons sur des matelas ; une douce chaleur pénètre nos membres glacés. « Qu'il est agréable, disons-nous, de dormir sous un toit où tous, depuis les maîtres jusqu'à la servante, montrent un visage souriant. » Une folle gaieté s'empare de nous. L'avenir nous apparaît sous des couleurs moins sombres.

19 JANVIER

Nous nous éveillons à dix heures. M. Humbert nous invite à déjeuner.

A peine sommes-nous à table que la bonne accourt toute éperdue : « Le canon, Messieurs ! On entend le canon tout près d'ici. »

Nous partons à la hâte. En traversant la place du théâtre, nous apercevons le médecin en chef de l'armée ; il nous invite à l'accompagner dans la direction du combat.

Dans la partie sud de la ville, à 500 mètres du champ de bataille est une grande fabrique appartenant à M. Lebé. On y a installé deux cents lits. Déjà plus de cent blessés sont étendus sur le sol, dans la cour de l'établissement.

« — Pourquoi ne transporte-t-on pas ces blessés dans l'ambulance ? » demande M. Lav...

« — Ah ! Messieurs, de grâce, répondent deux religieuses tout éplorées, vous qui êtes militaires, vous qui avez un uniforme, délivrez-nous de deux cents lâches qui ont fui le champ de bataille. Ils sont couchés dans les lits destinés aux blessés. »

Le médecin en chef reste pensif une seconde, puis il me tend sa canne en disant : « Vous êtes jeune, vigoureux, voilà le moment de vous montrer énergique. Marchons. »

Au premier étage de la fabrique sont deux vastes pièces où sont disposés les lits.

« Passez la visite, me dit M. Lav... »

« — Qu'avez-vous ? demandé-je au soldat le plus rapproché de la porte. »

« — Je n'ai pas de souliers. »

« — Il faut les trouver à l'instant.

« — Je ne sais où ils sont.

« — Si vous ne les trouvez immédiatement, je vous casse cette canne sur la figure. »

Pas de réponse.

Je lui cingle le visage d'un coup vigoureusement appliqué.

Il se lève, va ouvrir une fenêtre, et revient avec ses souliers.

Résultat inespéré ! Tous les lits sont évacués en un clin d'œil. Les lâches fuient, mais à la porte ils tombent entre les mains de gendarmes qui s'en emparent.

Trois lieutenants de mobiles sont assis autour du poêle ; ils fument.

« — Pourquoi n'êtes-vous pas au feu ? » demande M. Lav... à l'un d'eux.

« — Je suis malade, Monsieur. »

« — Quand on est malade on ne fume pas et quand on parle au médecin en chef de l'armée, on fume encore moins. »

En disant ces mots, il attrape la pipe aux lèvres du lieutenant et la brise sur le sol.

Ces trois officiers sortent également. Iront-ils au combat ? Nous n'osons l'espérer.

Nous faisons le tour de ces vastes salles ; nous scrutons tous les lits. Un officier de marine craignant que dans notre surexcitation, nous ne l'épargnions pas plus que les autres, a mis sa casquette en évidence sur son lit. Il est sérieusement malade.

Je me fais un devoir de rendre hommage à la marine pour sa belle conduite à l'armée du Nord. Pas un matelot n'a été vu parmi les fuyards.

En descendant dans la cour, M. Lav... cherche en vain à s'appuyer sur sa canne ; elle est cassée. « Petit malheur, me dit-il ; je la ferai réparer à l'aide d'une virole en argent. Ce sera un souvenir de vous. »

Avant de quitter la fabrique Lebé, il désigne six médecins pour s'occuper des blessés qui y affluent et me ramène avec lui au théâtre de la ville où est installée l'ambulance du quartier général.

Nous y sommes depuis quelques instants, lorsque M. Lav... reçoit l'ordre d'envoyer un médecin à la gare pour y veiller à l'embarquement d'une cinquantaine de soldats qui se disent malades. Je suis désigné à cet effet. La plupart de ces hommes ne paraissent ni malades, ni blessés. Je ne m'oppose cependant pas à leur départ, me disant qu'ils ne pourraient que grossir le nombre des prisonniers si nous venions à être battus.

En quittant la gare pour retourner au théâtre, je vois élever des barricades à l'entrée des rues par où l'ennemi peut arriver.

A la tombée de la nuit, la lutte se rapproche de nous ; des obus éclatent dans la ville ; quelques-uns même tombent près du théâtre. M. Billot, l'officier d'administration qui nous a tirés d'embarras le 18, dans notre marche sur Athies, demande si l'on doit faire transporter les blessés dans le sous-sol. M. Lav... refuse, disant qu'il ne faut pas ainsi perdre la tête.

Je suis occupé avec le médecin-major Frémont à extraire une balle du flanc d'un mobile, lorsqu'un obus effondre la voûte du théâtre Les blessés fuient ; celui que j'opère fuit également. En s'échappant de mes mains, il me bouscule, me renverse et me passe sur le corps.

« Où courez-vous? » s'écrie un officier blessé, étendu sur un brancard ; « restez-donc avec les médecins, tas d'imbéciles. »

M. Lav... fait très bonne contenance. Il est impassible.

Encore quelques obus et la lutte cesse. C'est à ce moment que mon mobile de tout-à-l'heure se présente à moi, me priant d'achever son opération.

Je prie mon camarade Frémont de vouloir bien m'assister de nouveau. La balle extraite, il me montre un gros fragment d'obus qu'il sort de sa poche. « Il est tombé à mes pieds, » me dit-il.

« — Que voulez-vous en faire ? »

« — Un cadeau à ma femme qui s'en servira comme de presse-papier. »

Tout à coup nous entendons la voix de M. Lav... Il vient de voir ce qui se passe au dehors.

« Nous avons malheureusement perdu la bataille, nous dit-il. Les vainqueurs vont entrer dans l'ambulance. Attendons-les et montrons-nous dignes. »

Six cavaliers s'arrêtent devant l'ambulance. L'officier qui les commande s'avance et avec l'adresse d'un écuyer fait gravir les marches du théâtre à son cheval. Arrivé sous le péristyle, il demande le médecin en chef. M. Lav... se présente. L'officier descend de cheval, se dirige vers lui et le salue respectueusement.

Jeune, grand, d'une taille svelte, ce Prussien parle correctement le français. Tout dans sa contenance dénote une éducation des plus soignées.

« Je désirerais visiter l'ambulance, » nous dit-il.

Il passe sans rien dire devant les soldats couchés, mais il s'arrête quelques instants auprès des hommes qui sont assis et demande s'ils sont réellement blessés.

« — Pouvons-nous compter sur vous pour protéger l'ambulance ? » lui demande M. Lav... en le quittant.

« — Oui, Monsieur, répond-il ; comptez sur moi. »

20 JANVIER

Aujourd'hui, nous allons commencer les grandes opérations. Plus de trois cents blessés sont entassés sur la scène, au parterre et au foyer.

M. Lav... nous aborde d'un air grave. « Sous ces voûtes, il y a six mois à peine, nous dit-il, retentissaient des échos joyeux, les éclats de rire des spectateurs ; aujourd'hui elles ne résonnent que des gémissements de nos blessés. »

« — Où se pratiqueront les opérations ? » lui demandons-nous.

« — Suivez-moi, mes amis. »

Le médecin en chef de l'armée nous fait alors entrer dans une coquette pièce ornée de superbes glaces. De hautes tentures descendent à plis lourds et cassés le long des portes et des fenêtres. Le plafond encadré d'une bordure d'oves dorés se plaquant sur un fond d'argent, représente un ciel bleu tendre, ouaté de quelques nuées blanches, avec des troupes d'Amours, nus, roses, et se culbutant avec un délicieux sans gêne. Une odeur persistante de musc, d'opopanax et de patchouli nous dit assez que nous sommes au foyer des actrices.

Qui opérera ?

M. Lav... invite M. Pop..., le chef de l'ambulance, à s'armer du couteau.

« Désarticulez ce poignet, lui dit-il. »

L'opération se fait péniblement; l'opérateur est brouillé avec l'anatomie.

« Assez, Monsieur, faites place à un autre, lui dit M. Lav... d'un ton sévère. »

M. Pop... se rappelle qu'il est militaire et que dans cette profession, l'obéissance est le premier des devoirs. Il se retire sans dire un mot.

Beau visage encadré dans une superbe chevelure grisonnante, lèvres roses, taille élevée, aisance dans les manières : voilà le père Pop... au physique.

Beaucoup d'aménité dans le caractère, esprit cultivé. — Il disserte agréablement sur l'histoire et la philosophie. — Mais il n'est pas chirurgien.

« A votre tour, me dit M. Lav... en me désignant. Amputez cette jambe. »

L'aide-major qui comprime l'artère crurale s'oublie un instant ; un jet de sang m'inonde le visage. L'opération terminée, M. Lav... me conduit devant une glace et me dit en souriant :

« Naguère encore, dans cette glace, les actrices miraient leurs blanches épaules ; qu'elle doit être surprise de ne plus refléter aujourd'hui qu'une barbe de soldat toute rouge de sang ! »

A midi nous prenons une heure de repos. L'atmosphère tiède et moite du foyer des actrices nous écœure. Quel horrible mélange que celui des vapeurs d'un sang chaud avec les senteurs des parfums !

Nous sortons un instant pour respirer un air plus pur. Nos regards s'arrêtent sur une masse confuse située au centre de la place du théâtre. En nous approchant, nous apercevons réunis en un tas les débris de plus de mille chassepots. Ils sont les témoins muets de notre défaite. (1)

Dans la soirée, je vais seul visiter l'ambulance Lebé. Sur l'avenue qui mène à la fabrique, j'aperçois un homme traînant péniblement une petite voiture sur laquelle est étendu un sous-lieutenant de mobiles.

Où cet officier m'a-t-il connu? Je l'ignore. Il m'appelle en me désignant par mon nom.

« Je suis blessé très-grièvement, me dit-il; j'ai le bras droit traversé par une balle. Ne dites à mon père, l'officier comptable de votre ambulance, qu'une partie de la vérité. »

En rentrant au théâtre, la première personne que je rencontre est le comptable X...

« Votre fils est à la fabrique Lébé, lui dis-je. Il n'est que légèrement blessé. »

« Mon fils blessé !!! Oh! guerre maudite! » et fou de douleur et de désespoir, le pauvre père se précipite vers l'ambulance Lebé sans vouloir entendre un mot de consolation (2).

(1) . . . . . L'armée française s'écoula à la faveur de la nuit, emmenant son artillerie intacte, laissant cependant aux mains de l'ennemi quelques milliers de ses soldats improvisés, mal préparés aux fatigues d'un combat acharné, aux misères d'une retraite par un temps de dégel, au désordre de la défaite. Les pertes du champ de bataille dépassaient 3,000 hommes pour chaque armée. Celles des Allemands étaient les plus fortes . . . .
. . . . . Le succès fut au-dessous des espérances des Allemands et si chèrement acheté que l'honneur du combat resta au vaincu. . . . *Précis de la Guerre Franco-Allemande*, par le colonel Fabre de Navacelle, page 294.

(2) Le fils unique de l'officier comptable X... succomba à sa blessure.

Je raconte le fait à M. Lav... qui me répond : « Voilà le moment de me venger du propos tenu à Vitry. Je vais entourer ce jeune sous-lieutenant de tous les soins possibles. M. Baudoin l'opérera s'il y a lieu de faire une amputation. Vous savez quel brillant chirurgien est votre répétiteur au Val-de-Grâce. Pour ma part, je le visiterai plusieurs fois par jour. A propos, dit-il, en me quittant, je vous désigne pour être le chef de l'ambulance à la place de M. Pop... »

21 JANVIER

M. Lav... me prie de l'accompagner au lycée où l'on va installer une ambulance.

En sortant du théâtre, nous tombons au milieu d'une revue de soldats prussiens. La vue des casques à pointe nous horripile.

Au lycée, le proviseur un peu trop loquace donne son avis sur la distribution qui pourrait être faite du vaste établissement.

M. Lav... et lui ne peuvent tomber d'accord. La discussion devient vive. Je trouve mon chef un peu dur pour l'honorable universitaire.

De retour à l'ambulance du théâtre, M. Lav... s'emporte en apprenant que M. Pop... n'a pas reparu depuis hier. Il le fait appeler.

« — Allez-vous faire comme Achille ? lui dit-il en le voyant arriver. Allez-vous vous retirer sous votre tente? Voyons, Monsieur, nous avons ici un blessé : faut-il l'amputer ou non? Donnez votre avis. »

Il s'agit d'un chasseur à pied dont la jambe droite est déjà tuméfiée. Une balle a probablement pénétré dans les os du tarse.

« — Je ne juge pas l'opération nécessaire, répond M. Pop... »

« — Faites l'amputation, me dit M. Lav... »
Une balle était, en effet, incrustée dans l'astragale ; cet os était broyé. Sans cette opération, le blessé aurait certainement succombé.
« — Vous avez le courage chirurgical, Monsieur le médecin en chef, dit alors M. Pop... moi je ne l'ai pas. »

22 JANVIER

M. Baudoin vient visiter notre ambulance. M. Lav... lui apprend qu'aucun de nos vingt amputés n'a encore succombé.

23 JANVIER

On dit que Trochu a fait une sortie heureuse et que 16,000 Prussiens prisonniers dirigés sur Lille, vont traverser St-Quentin.
M. Lebé vient rendre visite à M. Lav... A peine cet homme de bien nous a-t-il quitté que notre chef nous dit : « Quand une nation compte de pareils citoyens, on ne peut pas dire qu'elle dégénère ; nous ferons en sorte d'agrandir nos périodes pour publier un pareil dévouement. »

24 JANVIER

Les médecins de l'ambulance du quartier général reçoivent l'ordre de partir pour Lille. Nos blessés seront évacués demain sur l'ambulance Lebé.

. . . .

27 JANVIER

Pendant que nous faisons nos préparatifs de départ, Parral accourt vers moi tout ému : — « Les Prussiens ont pris votre épée, me dit-il. »

« — Où est le voleur ? »

« — Il s'est dirigé vers la commandature, Monsieur le Major. »

J'y cours et arrive en même temps qu'un soldat qui tenait mon épée à la main.

« Je viens réclamer mon épée, dis-je à l'officier qui me semble être le chef de la commandature. Je suis médecin et les médecins ne sont pas combattants. » Il refuse de me rendre justice, disant que l'ordre est donné de saisir toute espèce d'armes. J'arrache mon épée des mains du soldat et sors malgré tout ce que l'on peut me dire. A mon grand étonnement, je ne suis pas inquiété pour ce fait.

. . . .

29 JANVIER

Nous arrivons à Lille à six heures du soir.

De la gare nous nous dirigeons sur le grand café de Gand. Cet établissement est rempli de mobiles et de mobilisés en goguette.

30 JANVIER

M. Lav... me désigne pour visiter les nombreuses ambulances particulières de Lille.

Dans un couvent se trouvent de nombreux blessés. Les religieuses leur prodiguent les soins les plus intelligents et les plus dévoués. Ma visite est longue. La conversation roule sur nos malheurs. Nous maudissons ensemble les Prussiens. Une sœur me prie d'être plus indulgent, plus charitable envers les Allemands. « Je suis de Sarrelouis : je suis prussienne, » finit-elle par me dire. Je lui tourne le dos et gagne la porte au plus vite. La supérieure me suit.

« Ah ! Monsieur, me dit-elle, vous ne sauriez croire combien nous souffrons d'avoir cette étrangère avec nous, cette femme qui n'avait même pas la pudeur de cacher sa joie à la nouvelle de nos défaites. Je ne sais si nos sœurs sont coupables en cela, mais elles ont pour cette Prussienne une haine implacable. »

Le soir, je vais au café des *Variétés*. On continue à rire, à s'amuser dans cet établissement, et pourtant on y connaît la capitulation de Paris depuis hier. Cette joie me fait mal.

31 JANVIER

On dit que le général Bourbaki s'est suicidé et que son armée a été obligée de fuir en Suisse pour échapper à l'ennemi.

. . . .

18 MARS

Nous apprenons l'insurrection de Paris.

Je reçois l'ordre de rejoindre le 101e, en garnison à St-Etienne. J'y arrive le 20 mars. En quittant la gare, je marche un peu à l'aventure, puis j'entre dans un café. Un capitaine d'infanterie seul s'y trouve. Il est occupé à la lecture d'un journal. Nos yeux se rencontrent.

C'est Em... !!! (1)

Il tombe dans mes bras.

(1) Voir pages 70 et 191.

« — Qu'êtes-vous devenu après mon départ de St-Privat ? » lui demandé-je.

« — J'ai été transporté dans un village où l'on m'a admirablement soigné. »

« — Et votre affreuse blessure ? »

« — Je suis complètement guéri ; seulement lorsque j'ai voulu quitter mes bottes, quinze jours après la bataille, j'ai vu à ma grande surprise que mes jambes avaient fait peau neuve.»

« — Cela s'explique très-bien. Vos jambes, comme le reste du corps, avaient été le siège d'une enflure énorme. Vous avez dû bien souffrir ? »

« — Oh ! cruellement ! »

Dans les rues de St-Etienne, les ouvriers mineurs se promènent par groupes Ils lancent des regards de colère aux officiers. Ils les accusent d'être la cause de nos désastres.

Comme je passais un jour dans une rue remplie d'ouvriers, j'entends prononcer ces mots : « Il faudrait commencer par assommer les chefs. »

Aussitôt qu'une affiche est placardée, les mineurs se ruent pour la lire : « C'est cette canaille de Thiers, c'est ce foutriquet qui brûle le Louvre ! » dit l'un. — « Certainement, répond un autre, c'est ce brigand qui est la cause de tout le mal. »

En juin 1871, j'étais en permission de quinze jours dans ma famille. J'eus l'occasion de rencontrer à O .. le jeune sous-lieutenant d'artillerie Wish... (1), dont j'avais déjà appris par d'autres la brillante conduite à l'armée du Nord.

(1) Voir page ~~111~~. 225.

« — Avez-vous connu dans votre arme un officier du nom de Bodin ? » (2) lui demandai-je.

« — Il était mon chef d'escadron. C'est moi qui l'ai relevé dans les rues de Paris. »

« — Il est donc mort ! »

« — Oui. Au moment où il traversait la rue du Bouloi pour observer une barricade, une balle partie des rangs des fédérés l'étendit raide mort. »

De retour à St-Etienne, écœuré par nos malheurs et par les horreurs de la Commune, je donnai ma démission. La veille de mon départ, on m'offrit un punch auquel assistèrent tous les officiers du 101e. Un de mes jeunes camarades, dans un langage plein de feu et de sentiment, me fit ses adieux au nom de tous et ce fut avec la plus profonde émotion que je quittais cette vie militaire où j'avais rencontré tant de cœurs braves et généreux.

(2) Voir pages 189 et ~~128.~~ 233.

ERRATA

Pages.	Lignes.	Au lieu de :	Lire :
32.	18.	Il ne s'est pas moins battu.	Il ne s'en est pas moins battu.
96.	6.	Commandant.	Commandement.
103.	16.	Des Hoche, des Marceau.	Des Hoches, des Marceaux.
115.	5.	101e.	102e.
126.	2.	De quelques grains.	Des quelques grains.
133.	4.	S'écria-t-il.	S'écrie-t-il.
133.	14.	Répliquai-je.	Répliqué-je.
159.	4.	Mots articulés.	Mots inarticulés.
160.	33.	Répond.	A répondu.
174.	15.	Repus d'honneur.	Repus d'honneurs.

Imp. et Lith. C. Verpillat, à Lons-le-S.

PUBLICATIONS RECENTES DE LA LIBRAIRIE E. DENTU

GUSTAVE AIMARD
Œuvres complètes en 73 vol., chaque vol. se vend séparément. 3 »

F. DU BOISGOBEY
La Bande Rouge. 2 vol. 7 »
La Belle Geôlière. 2 vol. 7 »
Le Cri du sang. 2 vol.. 7 »
Le Mari de la Diva. 1 vol. 3 50
Le Secret de Berthe. 2 vol. 7 »
Jean Coupe-en-deux. 1 vol. 3 50

EUGÈNE CHAVETTE
Aimé de son concierge. 1 vol. 3 »
Défunt Brichet. 2 vol. 6 »
Nous marions Virginie. 1 vol. 3 »
L'Oncle du Monsieur de Madame. 1 vol. 3 »
Si j'étais riche. 2 vol. 6 »

PAUL FÉVAL
Le Bossu. 2 vol. 7 »
Le Capitaine Fantôme. 1 vol. 3 50
Les Mystères de Londres. 2 vol. 7 »
Madame Gil Blas. 2 vol. 7 »

ÉMILE GABORIAU
L'Affaire Lerouge. 1 vol. 3 50
L'Argent des Autres. 2 v. 7 »
La Clique dorée. 1 vol. 3 50
La Corde au cou 1 vol. 3 50
Le Crime d'Orcival 1 vol. 3 50
La Dégringolade. 2 vol. 7 »
Le Dossier No 113. 1 vol. 3 50
Les Gens de bureau. 1 vol. 3 50
Le 13e Hussards. 1 vol. 3 50
Monsieur Lecocq. 2 vol. 7 »

A. MATTHEY (Arthur Arnould)
La belle Julie. 1 vol. 3 50
Cherchez la Femme. 1 v. 3 50
Le Duc de Kandos. 1 vol. 3 50
Les deux Duchesses. 1 v. 3 50
La Fille Mère. 1 vol. 3 50
Le Roi des Mendiants. 1 vol. 3 50
Le Passé d'une Femme. 1 vol.
Thérèse Buisson. 1 vol. 3 50
La Fête de Saint-Remy. 3 50
1 vol. 3 50
La Princesse Belladone. 1 vol. 3 50
Les Noces d'Odette. 1 vol. 3 50

CHARLES MEROUVEL
Cœur de Créole. 1 vol. 3 50
Dos à dos. 1 vol. 3 50
Le Gué aux Biches. 1 v. 3 50
Solange Fargeas. 1 vol. 3 50
Les derniers Kérandal. 2 vol. 7 »
Le Divorce de la Comtesse. 1 vol. 3 50
Fleur de Corse. 1 vol. 3 50
La Maîtresse du Ministre. 1 vol. 3 50
Le Krach. 1 vol. 3 50
Le Roi Crésus 2 vol. 7 »
La Veuve aux 100 Millions. 2 vol. 7 »
La Vertu de l'abbé Mirande. 1 vol. 3 50

XAVIER DE MONTÉPIN
La Baladine. 2 vol. 6 »
La Bâtarde. 2 vol. 6 »
La Belle Angèle 6 vol. 18 »
Le Bigame. 2 vol. 6 »
Le dernier duc d'Hallaly. 4 vol. 12 »
Le Fiacre no 13. 4 vol. 12 »
La Fille de Marguerite. 6 vol. 18 »
Les Filles de bronze. 5 vol. 15 »
Les Filles du Saltimbanque. 2 vol. 6 »
Le Mari de Marguerite. 3 vol. 9 »
Les Maris de Valentine. 2 vol. 6 »
Sa Majesté l'Argent. 5 vol. 15 »
Le Médecin des Folles. 5 vol. 15 »
La Porteuse de Pain. 6 vol. 18 »
Son Altesse l'Amour. 6 vol. 18 »
La Sorcière rouge. 3 v. 9 »
Les Tragédies de Paris. 4 vol. 12 »
Le Ventriloque. 3 vol. 9 »
La Vicomtesse Germaine. 3 vol. 9 »
La Voyante. 4 vol. 12 »

PONSON DU TERRAIL
Œuvres complètes en 84 vol., chaque vol. 3 »

ÉMILE RICHEBOURG
Andréa la Charmeuse. 2 vol. 6 »
Un Calvaire. 1 vol. 3 »
Les deux Berceaux. 2 v. 6 »
La Dame voilée. 1 vol. 3 »
Les deux Mères. 2 vol. 6 »
Les Drames de la Vie. 3 vol. 9 »
L'Enfant du Faubourg. 2 vol. 6 »
La fille Maudite. 2 vol. 6 »
Le Fils. 2 vol. 6 »
L'Idiote. 3 vol. 9 »
Jean Loup. 3 vol. 9 »
Le Mari. 3 vol. 9 »
Les Millions de Joramie 3 vol. 9 »
La Nonne amoureuse. 1 vol. 3 »

PAUL SAUNIÈRE
A travers l'Atlantique. 1 vol. 3 50
Le Beau Sylvain. 2 vol. 6 »
Flamberge. 2 vol. 6 »
Le Legs du Pendu. 1 v. 3 »
Deux rivales. 1 vol. 3 50
Mam'zelle Rossignol. 2 vol. 6 »
La petite Marquise. 1 v. 3 50
Le Secret de la Roche-Noire. 1 vol. 3 »

LÉOPOLD STAPLEAUX
Les Amours d'une Horizontale. 1 vol. 3 »
Les Amoureux de Lazarine. 1 vol. 3 »
La Reine de la Gomme. 1 vol. 3 »
Les Cocottes du grand Monde. 1 vol. 3
Les Belles Millionnaires 1 vol. 3 »
Le Coucou. 3 vol. 9 »
Les Compagnons du Glaive. 7 vol à. 1 »
La Langue de Mme Z. 1 vol. 3 »
La Nuit de Mardi gras. 1 vol. 3 »
Les Viveuses de Paris. 1 vol. 3 »
Une Victime du Krach. 1 vol. 3 »
Le Capitaine Rouge. 1 v. 3 »

PIERRE ZACCONE
Les Drames du Demi-Monde. 2 vol. 6 »
Les Nuits du Boulevard 2 vol. 6

Bibliothèque choisie de Romans contemporains. 1 fr. le vol.
Biblioth. choisie des chefs-d'œuvre franç. et étr. 26 vol. à 1 fr.

Paris. — Typ. Noizette.

www.ingramcontent.com/pod-product-compliance
Ingram Content Group UK Ltd.
Pitfield, Milton Keynes, MK11 3LW, UK
UKHW021854190726
13855UKWH00001B/313